造像

敦煌文化传奇

李 奎 编著 胡元斌 丛书主编

国文化百科

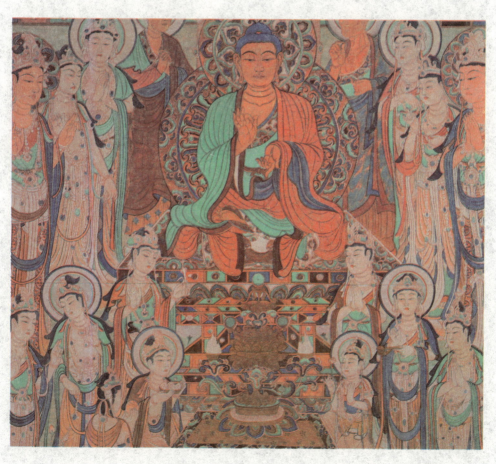

汕头大学出版社

图书在版编目（CIP）数据

造像：敦煌文化传奇 / 李奎编著. — 汕头：汕头
大学出版社，2015.1 （2020.1重印）
（中国文化百科 / 胡元斌主编）
ISBN 978-7-5658-1534-8

Ⅰ. ①造… Ⅱ. ①李… Ⅲ. ①敦煌石窟－介绍 Ⅳ.
①K879.21

中国版本图书馆CIP数据核字(2014)第310362号

造像：敦煌文化传奇　　　ZAOXIANG：DUNHUANG WENHUA CHUANQI

编　　著：李　奎
丛书主编：胡元斌
责任编辑：宋倩倩
封面设计：大华文苑
责任技编：黄东生
出版发行：汕头大学出版社
　　　　　广东省汕头市大学路243号汕头大学校园内　邮政编码：515063
电　　话：0754-82904613
印　　刷：三河市燕春印务有限公司
开　　本：700mm×1000mm 1/16
印　　张：7
字　　数：50千字
版　　次：2015年1月第1版
印　　次：2020年1月第2次印刷
定　　价：29.80元
ISBN 978-7-5658-1534-8

前　言

　　中华文化也叫华夏文化、华夏文明，是中国各民族文化的总称，是中华文明在发展过程中汇集而成的一种反映民族特质和风貌的民族文化，是中华民族历史上各种物态文化、精神文化、行为文化等方面的总体表现。

　　中华文化是居住在中国地域内的中华民族及其祖先所创造的、为中华民族世世代代所继承发展的、具有鲜明民族特色而内涵博大精深的传统优良文化，历史十分悠久，流传非常广泛，在世界上拥有巨大的影响。

　　中华文化源远流长，最直接的源头是黄河文化与长江文化，这两大文化浪涛经过千百年冲刷洗礼和不断交流、融合以及沉淀，最终形成了求同存异、兼收并蓄的中华文化。千百年来，中华文化薪火相传，一脉相承，是世界上唯一五千年绵延不绝从没中断的古老文化，并始终充满了生机与活力，这充分展现了中华文化顽强的生命力。

　　中华文化的顽强生命力，已经深深熔铸到我们的创造力和凝聚力中，是我们民族的基因。中华民族的精神，也已深深植根于绵延数千年的优秀文化传统之中，是我们的精神家园。总之，中国文化博大精深，是中华各族人民五千年来创造、传承下来的物质文明和精神文明的总和，其内容包罗万象，浩若星汉，具有很强文化纵深，蕴含丰富宝藏。

　　中华文化主要包括文明悠久的历史形态、持续发展的古代经济、特色鲜明的书法绘画、美轮美奂的古典工艺、异彩纷呈的文学艺术、欢乐祥和的歌舞娱乐、独具特色的语言文字、匠心独运的国宝器物、辉煌灿烂的科技发明、得天独厚的壮丽河山，等等，充分显示了中华民族厚重的文化底蕴和强大的民族凝聚力，风华独具，自成一体，规模宏大，底蕴悠远，具有永恒的生命力和传世价值。

在新的世纪，我们要实现中华民族的复兴，首先就要继承和发展五千年来优秀的、光明的、先进的、科学的、文明的和令人自豪的文化遗产，融合古今中外一切文化精华，构建具有中国特色的现代民族文化，向世界和未来展示中华民族的文化力量、文化价值、文化形态与文化风采，实现我们伟大的"中国梦"。

习近平总书记说："中华文化源远流长，积淀着中华民族最深层的精神追求，代表着中华民族独特的精神标识，为中华民族生生不息、发展壮大提供了丰厚滋养。中华传统美德是中华文化精髓，蕴含着丰富的思想道德资源。不忘本来才能开辟未来，善于继承才能更好创新。对历史文化特别是先人传承下来的价值理念和道德规范，要坚持古为今用、推陈出新，有鉴别地加以对待，有扬弃地予以继承，努力用中华民族创造的一切精神财富来以文化人、以文育人。"

为此，在有关部门和专家指导下，我们收集整理了大量古今资料和最新研究成果，特别编撰了本套《中国文化百科》。本套书包括了中国文化的各个方面，充分显示了中华民族厚重文化底蕴和强大民族凝聚力，具有极强的系统性、广博性和规模性。

本套作品根据中华文化形态的结构模式，共分为10套，每套冠以具有丰富内涵的套书名。再以归类细分的形式或约定俗成的说法，每套分为10册，每册冠以别具深意的主标题书名和明确直观的副标题书名。每套自成体系，每册相互补充，横向开拓，纵向深入，全景式反映了整个中华文化的博大规模，凝聚性体现了整个中华文化的厚重精深，可以说是全面展现中华文化的大博览。因此，非常适合广大读者阅读和珍藏，也非常适合各级图书馆装备和陈列。

目 录

敦煌石窟

敦煌壁画

敦煌遗书

敦煌石窟

　　敦煌文化丰富浑厚，它在不同的历史时期展现出不同的文化内涵和艺术风格。在敦煌众多的艺术形式中，敦煌石窟艺术可以说独树一帜，取得了非常辉煌灿烂的成就。

　　敦煌石窟众多，有莫高窟、榆林窟、西千佛洞、东千佛洞、肃北5处，其中以莫高窟的规模最大，艺术水准和艺术价值最高。这些石窟艺术品类众多，含壁画、彩塑、石窟建筑、纸本画、墓画等等，内容十分丰富，数量极其巨大，具有无可替代的重大意义。

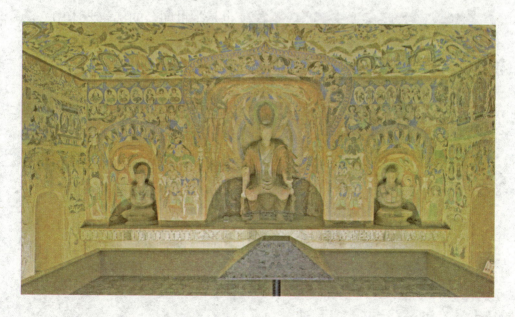

北凉北魏开凿的洞窟

敦煌的莫高窟，俗称千佛洞，位于甘肃敦煌东南25千米的鸣沙山东麓断崖处，坐落在鸣沙山和三危山的怀抱中，坐西向东，南北长约1600多米，上下排列5层，高低错落有致，鳞次栉比，壮观异常。它是我国现存规模最大，保存最完好，内容最丰富的古典文化艺术宝库，

也是举世闻名的佛教艺术中心。

莫高窟始建于十六国的前秦时期。前秦建元年间的366年，有一个叫乐僔的和尚，杖锡云游到了敦煌三危山下，黄昏到来的时候，乐僔和尚回顾四面，极目远望，想找个住的地方。

当乐僔和尚向三危山上望去之时，他非常惊讶地看到，落日的金辉洒落在三危山，三危山放

出了万道金光，犹如一个个金佛闪动。

乐僔和尚激动万分，虔诚地匍匐于地礼拜再三，决定常住于此，行走化缘，开凿佛窟，以示虔诚。

同年，乐僔和尚依靠化缘在敦煌三危山开凿了第一个佛窟。据《莫高窟佛龛碑》记载：

> 乐僔和尚云游三危山时，忽见金光，状有千佛，遂架空凿岩，造窟一龛。

乐僔和尚在敦煌开凿了历史上第一个石窟，开创了敦煌璀璨的佛教文化。他是我国敦煌莫高窟的开创者，因而被当地人奉为神明。

有一年春天，风沙向敦煌大地袭来，卷起的沙子漫天飘飞，播种不久的种子在风沙过后已颗粒不见。百姓痛苦地望着田地，老人们眼角湿润了，孩子们站在旁边，呆呆地望着。

正当人们陷入苦恼之时，人群中有一位老者缓缓地说道："前些日子在我们这儿化缘的那个和尚，听说法力无边，我们大伙去请他来做法，求神灵保佑我们吧！"

老者所说的那个化缘的和尚即是乐僔和尚。于是众人三步一叩，来到三危山下乐僔和尚的住处请他做法。乐僔和尚欣然答应，率弟子做了七七四十九天法事。自此，当地风调雨顺，五谷丰登。

当地百姓万分感激高僧乐僔和尚，为了纪念他，就在他圆寂之后，把他葬于生前他居住的地方，并建"镇风塔"立碑纪念。从此，此地更名为土塔村。

后来，法良禅师又开凿了第二个洞窟，并称为"漠高窟"，意为"沙漠的高处"。因"漠"与"莫"通用，便改称为"莫高窟"。

继乐僔和尚之后，在莫高窟开凿的洞窟中年代最早的第268窟、第272窟、第275窟，因为建于北凉时期，所以被称为"北凉三窟"。

第268窟位于南区崖面中段三层。洞窟形式属毗诃罗窟，又称禅窟，是主要用于坐禅修行的洞窟。

第268窟为一纵长方形平顶主室，西壁开一圆券形小龛，南北壁各开二对称仅容一人方形平顶小禅室。所附4个小禅室，编号分别为第267窟、第269窟、第270窟和第271窟。

西壁龛内塑佛像一身，交脚而坐，内着僧祇支，身着右祖袈裟，左肩以片衣覆之。佛像头部经后代重修，带有明显的希腊化特征，身

体部分为原貌，袈裟紧贴躯体，有薄纱透体之感。

龛外绘供养菩萨，龛柱绘希腊爱奥尼亚式柱头，龛下壁面绘男女供养人，着汉装和胡汉混合装。主室南北壁绘有飞天、千佛、药叉等。

平顶部分采用浮塑技法，并彩绘莲花、飞天、化生、火焰纹等纹样。壁画以土红色为底色，使用凹凸表现技法，风

格朴拙浑厚，手法简练概括。

北凉在421年攻占敦煌之时，敦煌曾遭战火。在此窟正龛中，寄托了当时人期待借助佛教天国安置亡灵的思想。

正龛下部的供养人，似乎借助了佛教特有的升天方式，从莲花中化生到佛的两侧，又继续成为飞天直至在以大莲花为背景的窟顶佛教天国中自由翱翔。

第268窟经隋代重修，主室南北壁有隋绘千佛、飞天

等。千佛是佛教壁画中的常见形象，多是绘制大量排列较为规则的小佛像，来表达世界中充满成佛者及众生皆可成佛的思想。

第268窟中隋代所绘的千佛，仍以土红色为底色，与北凉原作的色调一致，而无突兀之感。因天长日久，表面隋代千佛壁画部分剥落，底层又隐约透出北凉时期原来绘制的护法神形象。

主室两侧的4个禅室，内部空间狭小，仅可容一人坐于其中，最初仅以白色粉刷，专用于坐禅，隋代重修时绘制千佛与说法图。

第272窟主室长方形，覆斗顶，西壁中央开龛，龛内塑倚坐佛像一身。主室南北壁画千佛和说法图，西壁龛内外画供养菩萨，姿态各异，扭腰屈腿颇具印度风格。东壁门两侧画千佛。

覆斗顶，又称倒斗顶，此类顶部中心与4个坡面形成的空间，类似

于将我国古代盛粮食用的斗倒扣过来，故称覆斗。顶部最中心凹入部分呈方形，被称为藻井，古人迷信，于此处模仿井口，并绘以莲花海藻类水生植物，取以水克火之意。

覆斗顶洞窟内空间宽敞明亮，适于聚众讲经和瞻仰礼拜。因此在石窟修建过程中，从北凉至元代一直被大量采用，是莫高窟中最多见、延续时间最长的一种石窟空间形式。

第272窟顶藻井浮塑莲花火焰飞天图案，4个坡面绘有千佛和飞天等。千佛以白、青、绿等冷色调绘制，五组交替出现，形成极具装饰性的道道色光，表现了佛教的"佛佛相次，光光相接"的意境。

飞天双腿伸展、衣裙飞扬，极具动感。在四壁和窟顶连接处，绘穹窿宫楼，内有天宫伎乐在演奏横笛、琵琶、腰鼓和海螺等乐器。

西壁佛龛两侧的供养菩萨是这一洞窟最大的看点，其布局为佛龛两侧各画4排小菩萨，每排有5身。供养菩萨的称呼，并不是来源于佛教典籍，凡是在故事画、经变画、说法图之外，所画的呈礼佛和供养之状的而又没有具体名号的菩萨均称之为供养菩萨。

与第272窟相连的是第275窟。甬道接主室，主室纵长方形，盝顶。西壁塑交脚弥勒菩萨一身。

第275窟南北壁上部各开两个阙形龛和一个双树龛，龛内分别塑交脚弥勒和思维菩萨，塑像体魄强健，比例适度，神态自然，恬静超俗。西壁围绕塑像绘有胁侍菩萨和供养菩萨，画面突出主要人物，构图简洁紧凑，壁下部画男供养人，东壁门两侧画观音变及女供养人，门上画说法图。窟顶四坡为宋画飞天和千佛。北宋年间窟中加一墙，将窟分为前、后两室。

第275窟主尊位于西壁中央，保存基本完好，唯头部略有重妆，双手残损。此塑像高3.34米，头戴化佛三珠宝冠，发披两肩，右手置膝做与愿印，左手已残。颈饰贴花镶宝的项圈及璎珞，上身袒裸，胸挂

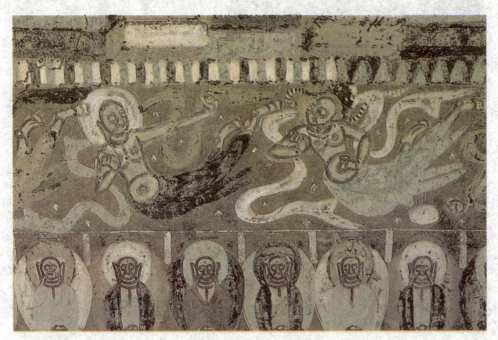

璎珞，肩披大巾，腰束翻边羊肠大裙，衣褶贴泥条隆起，加阴刻衣纹线。菩萨面相浑圆而略长，隆鼻直通额际，眉长圆眼，上唇较厚，下唇作半圆状，肩宽胸平，体态健硕，双足相交，身靠三角形靠背，端坐在比较高大的方形双狮座上，神情庄重凝静，威严肃穆，造型概括稳定，比例匀称，色彩明快单纯，手法简朴。其造型风格及坐具、服饰均表现出印度佛教艺术的影响，具有十六国时期造像的显著特点。

南北两壁下部的供养人，具有鲜明的时代特征。建立北凉政权的沮渠氏，属匈奴后裔，在这些供养人中能看到匈奴人的一些特点。

这些人的服装均着袴褶，是北方少数民族的传统服饰，上自王公贵族，下至军士百姓都穿此种服装。褶为上衣，款式类似现代的短大衣，圆领或交领，对襟或左衽，窄袖。画中男供养人头戴幅巾，上身穿的就是交领窄袖褶衣。

左衽是北方少数民族的衣服款式，与汉族传统以右衽为习尚不同。所谓"右衽"即衣襟在胸前相交，左襟压右襟，在右腋下挽结。

北方少数民族则相反，是右襟压左襟，在左腋下挽结，故称"左衽"。特别是在队伍最前列的两人，正在吹奏长长的号角，被认为是匈奴族的特征。

北魏灭了北凉并统一了北

方后，占据了河西。在这个时期，敦煌比较安定，百姓安居乐业，佛教随之盛行。北魏的人在莫高窟开凿洞窟13窟。

北魏洞窟一般形式是有前室及正室两部分，前室做横长方形，具有向前向后两面坡的屋顶，椽与椽之间有成排的忍冬花纹装饰，又称为"人字坡图案"。

北魏洞窟的正室呈方

形，中央有一中心方柱，中心柱上有佛龛及塑像，四壁都有壁画，窟顶装绘着划分为方格的平棊图案。

除了上述第268窟、第272窟、第275窟这"北凉三窟"外，还有继此之后建于北魏时期的第251窟、第254窟、第257窟和第259窟。北魏石窟艺术达到了一个新的高度。

第251窟建于北魏，五代、清代时重修，位于九层楼以北的石窟群中段。窟形为中心塔柱式洞窟，前部"人"字披顶，后部平顶。中心塔柱东向面开一龛，南西北向三面上、下层各开一龛，东壁门上开一明窗。

第251窟窟形为中心塔柱式洞窟，前部为"人"字披顶，后部为平顶。中心塔柱的东向面各开一龛，南西北向三面上、下层各开一龛，东壁门上开一明窗。

　　中心塔柱窟，也称中心方柱窟、塔庙窟，是早期洞窟的典型窟型。它源于印度的"支提式"石窟，在新疆地区、中原北方地区、南方地区、西藏地区的许多石窟寺中均有此类洞窟。

　　中心塔柱窟的特点是在一个纵向矩形空间中轴线偏后部分建造一方形塔柱，绕柱有通道，柱四面开龛不等，塑佛及菩萨数身。柱身四周为平顶，柱前宽敞的前堂顶部是两坡层顶形式，坡面或塑或画出椽子，椽间望板上满绘各种装饰图案。

　　这种空间形式的作用是宽敞的前堂可供僧侣及信众聚集瞻仰礼拜，后部绕中心柱进行右旋仪式。按其兴衰发展可分4个阶段：北魏至西魏为鼎盛阶段，北周至隋此种形制开始衰落，初、盛唐时更加衰落，数量更少，晚唐时期进入尾声，数量很少。

　　塔庙窟的宗教意义主要是为了"入塔观像"，随着佛教的世俗化、礼仪的简单化，它失去了原有的功能，终至衰落消失。

第251窟窟内四壁上部为绕窟一周的天宫伎乐，中部是千佛，下部是金刚力士、夜叉、寓意为天、人、地三界，这是早期洞窟内常见的形式。

第251窟上部的天宫中，汉式屋顶建筑和印度圆形穹庐交错排列，前有平台雕栏，天宫内绘舞蹈乐队和放歌的伎乐天。中部千佛布满整壁，与北朝佛教盛行坐禅、观相思想一致。四壁下部绕窟一周的是浓眉怒目、赤身裸躯的药叉，体形肥硕壮实，强健有力。

窟南壁前部画大型说法图，巧妙地利用人字坡下的山形空间，以对称的格局，画一佛、一弟子和一金刚级成的二胁侍、供养菩萨和四飞天。南壁则以同样方式绘一佛二胁侍菩萨和四供养菩萨、四飞天。

第254窟和第257窟的壁画比较丰富。其中第254窟的《尸毗王本生故事图》、《萨埵那太子本生故事图》和第257窟的《鹿王本生故事图》是有名的北魏代表作。

第254窟建于北魏，隋代重修，位于九层楼以北的石窟群中段。第254窟窟形长方形，前部人字披顶，后部平棋顶。中心塔柱东向面开一圆券龛，内塑交脚菩萨或禅定佛，龛外有胁侍菩萨。

石窟东壁门上开有明窗，在南北壁前部各开一龛，内塑交脚菩萨，后部各开四龛，塑禅定佛或说法佛。

窟南壁前部阙形龛，采用泥塑为主、加以彩绘的手法进行表现，整个建筑塑造的精细立体。龛内的菩萨是敦煌彩塑的代表作之一，菩萨头戴宝冠，发披两肩，头后有披巾。面部饱满，神情温和，双耳垂肩。颈饰璎珞，胸前有两蛇相衔式璎珞，在敦煌石窟极为罕见。

窟南、北壁上的龛外两侧遍绘千佛。所绘的千佛每壁各有五排，造型完全一样，仅敷色略有差异。每一佛像均有头光和身光，取端坐之态，双手交置于足上，面圆耳长。

窟中的千佛，以西壁中轴线划分，一侧为过去千佛，另一侧为未来千佛，加上中心塔柱所代表的现世佛，正好符合三世千佛的意义。

第254窟窟内四壁上部为绕窟一周的天宫伎乐。窟上部的天宫中，绘有舞蹈乐队和放歌的伎乐天。窟内主尊是一尊倚坐佛像，高1.97米，佛头上的肉髻高大，这是早期彩塑佛像的典型特征。

佛双手自然垂下抚膝，身披右袒偏衫式袈裟，袈裟的衣纹疏朗流

畅、材质轻薄，通过袈裟透出了佛平静柔和的身体线条。佛的静态与龛内外壁画中菩萨、飞天、童子的动态形成了鲜明的对比，更能表现佛以慈悲为怀的思想境界。中心柱上部残存数尊影塑菩萨，影塑是将泥、细沙、麦秸等原料，用泥制模具翻制，表面经过处理后，进行敷彩。

通常将背面粘贴于墙壁上，正面凸起呈高浮雕状，主要为装饰性的，用来衬托主像圆塑。成群影塑的上色，符合均衡、对比、变化的要求，与周围的背景和谐统一，浑然一体。

第257窟的窟形为印度支提窟与我国汉式建筑相结合的形制，前部人字披顶，后部平棋顶，有中心塔柱。柱东向面开一大龛，内塑弥勒倚坐说法像，外存一天王像。

第257窟南北向面均上开阙形龛，塑菩萨像，下南开双树龛，北开圆券龛，均塑禅定佛像。西向面上下开圆券龛，内塑禅定佛像。窟顶人字披椽间绘莲花供养菩萨，后平棋顶有莲花童子，飞天及忍冬图案。窟的主尊为一倚坐佛像，高肉髻，面部略有损毁，双目已失。佛像内着僧祇支，身披右袒袈裟，两腿自然垂下。

第257窟主尊彩塑，具有明显的"曹衣出水"的特点，衣纹以贴泥条的方式制作，使整个袈裟紧紧裹在了佛身上，佛的肉体特别突出。

特别是左臂垂下的袈裟一端，从正面看是两条波浪纹，更增添了湿衣出水之感。乍一看，佛像就像刚刚从水中出来一样。

第259窟开凿于北魏早期，宋代重修。窟顶为前部人字坡顶，后部平棋顶。

第259窟西壁表现多宝塔从地涌出，在壁面上凸塑出半塔，上开一龛，内塑释迦牟尼和多宝佛并坐说法像。龛外塑两菩萨像，塔柱南北侧各塑一菩萨。南壁现存上层3个阙形龛，内塑弥勒菩萨像。下层一圆券龛，内塑跌坐佛。

第259窟北壁上层四阙形龛，内塑弥勒菩萨像，下层三圆券龛，内塑禅定佛、说法佛像。龛之间绘千佛和供养菩萨，壁下部绘药叉。此窟塑像以塑造手法概括，底纹线条洗练，神情端庄含蓄，而成为敦煌石窟雕塑的上乘之作。

拓展阅读

前凉、西凉、北凉3个政权先后治理河西地区时，比较注重谨修内政，安民保境，轻徭薄赋，劝课农桑，崇尚儒学，兴办教育，使得河西地区社会安定，经济繁荣，文化昌盛。

在十六国时期，群雄逐鹿中原，战火四起，百姓流离失所，处于水深火热之中，而河西成为了相对稳定的地区。中原大批学士儒生和百姓纷纷背井离乡，逃往河西避难，给河西地区带来了先进的文化和生产技术。这对于莫高窟的开凿和艺术发展起到了有利的影响。

隋唐宋元开凿的洞窟

隋唐时期是敦煌的兴盛时期，也是敦煌石窟艺术的繁荣时期。隋代在莫高窟开窟竟有90多个，而且规模宏大，具有南北两种截然不同的艺术风格。

隋代石窟形制主要有3种，第一种是中心柱窟，这是继承前代遗制，但也略有变化，其表现是中心柱的正面一般不再开龛，仅置3尊大佛，中心柱后面和两侧仍和以前一样开龛造像。

中心柱前为比较开阔的前厅，上方为"人"字披顶，但没有椽间装饰。前厅里，南北两壁及中心柱正面，共置身高三四米的大立佛像3铺。前室内两侧塑天王和力士，均身高三四米。

这些新出现的巨型佛像已经成为洞窟的主体，而中心柱已经退居次要地位。

第二种是开皇年间出现的另一种中心柱窟。石窟平面为方形，中心柱下部为方坛，中心柱上部呈倒塔形直通窟顶，塔刹四龙环绕。

窟顶前部有"人"字披，后部有平棋。后来，中心柱上部的倒塔消失了，只剩下佛坛，再后来，佛坛也消失了，仅留下了窟顶前部的人字披。

第三种窟形是最主要的窟形，称为殿堂窟，也叫覆斗顶窟。这种形制北周时期有较大发展，但到隋代已成为基本窟形。隋代的殿堂窟，有的正面开龛，有的三面开龛，有的作为马蹄形佛床，有的依壁造像，布局多种多样。这种窟形为以后的唐代所沿袭。

唐代，敦煌经济文化高度繁荣，佛教非常兴盛，这一时期莫高窟

开窟数量多达1000余个窟，保存下来的有232个窟，而且壁画和塑像都达到异常高的艺术水平。

唐代洞窟的形制，一般地都是新创的如殿堂的样式，窟多作方形，窟顶四面斜上，构成藻井。

窟的后壁有一深入的小龛，所有的佛像都集中排列在龛中，如佛殿的坛座上一样，而是沿着三面墙壁分别

塑造。

　　集中在洞窟后壁龛中的塑像，一般地是7尊，包括1尊佛、2尊比丘、2尊菩萨、2尊力士，以佛为中心向两面展开排列，2尊力士在最外侧，也有加入其他供养菩萨的。

　　晚唐及五代，开始把天王像分别画在窟顶藻井的四角，不再与佛及菩萨等共置于同一坛座上。

　　洞窟四壁及入口都有壁画，大幅的经变故事的完整构图多在左右两壁的中部，壁脚多是供养人像。后壁有塑像的龛内也常有经变及佛传故事。

　　洞顶为华丽的藻井图案，藻井图案和经变周围的长条边饰是敦煌艺术中装饰美术方面的重要成就。

　　唐代的重要洞窟，例如初唐的第220窟、第332窟、第335窟、第321窟，盛唐的第23窟、第130窟、第103窟、第172窟，中唐第112窟，晚唐第156窟等，其中的壁画及彩塑多为代表性的作品。

第220窟为覆斗顶形窟，主室西开龛，龛内原有唐塑1尊佛2尊弟子。龛顶绘有供养菩萨壁画。主室南壁绘大幅无量寿经变，是敦煌莫高窟出现最早、场面最大的净土变。

北部绘药师七佛变相，日光、月光菩萨肋协，还有八大菩萨和十二药叉等神将护法。

东壁门两侧画维摩诘经变，以"问疾品"为主体，描绘了《维摩诘所说经》中最生动的情节。

第332窟位于莫高窟南区崖面北部下层，建于初唐698年前后。该窟前部为"人"字披顶，后部平顶，主室有中心方柱，西壁开龛，这种窟形在莫高窟为数不多。

第335窟位于南区崖面北段底层，该窟的特色在于保存有3处明晰的开窟题记。这3窟题记表明该窟成于武周时期，该窟为覆斗形窟，主室西壁开龛，主室窟顶为牡丹团花井心配卷草、垂曼图案。

西壁平顶敞口龛内塑坐佛和弟子、菩萨像，龛顶及龛壁绘法华经变。主室南壁绘阿弥陀经变，北壁绘维摩诘经变。

第321窟位于南区崖面北段底层，该窟为覆斗形窟，主室西壁开龛。主室西壁龛两侧绘双飞天四身。主室南壁绘十轮经变。

西壁佛龛两侧各画两身双飞天。这两身悄天，飞翔姿态十分优美，尽管飞天的面容、肉体虽已变成绛黑色，但眉目轮廓、肉体姿态、衣裙彩带的线条十分清晰：身材修长，昂首挺胸，双腿上扬，双手散花，衣裙巾带随风舒展，由上而下，徐徐飘落，像两只空中飞游的燕子，表现出了潇洒轻盈的飞行之美。

第23窟位于南区崖面北段底层，覆斗形顶，西壁开龛。北壁西侧绘《雨中耕作图》，画面充满生活气息：乌云密布、大雨滂沱，农人抓紧时间耕作，农妇送茶饭于地头，几名孩童在雨中嬉戏，整幅画看上去非常亲切。

第130窟位于南区崖面南段底层，俗称"南大像"，因位于第96窟北大像之南而得名。该像由敦煌人马思忠和僧人处谚于开元年间的721年创建，耗时30多年。南大像高26米，为石胎泥塑弥勒佛倚坐像，是莫高窟第二大佛。南大像形体圆浑饱满，姿态庄静，气度雍容，充分显示了盛唐艺术风格。

第103窟位于南区崖面南段中层，窟形为覆斗形顶，西壁开龛。主室窟顶藻井为团花图案，4面披绘千佛。西壁平顶敞口龛内有唐塑结跏趺坐佛像1身，菩萨像2身为清修，另有弟子和菩萨像各2身为清塑。

第172窟南北两壁的《观无量寿经变》是这个洞窟的主要内容。由于画家的高超技艺，相同内容在同一洞窟中不显得重复而且内容丰富多彩。南北两壁的《观无量寿佛经变》中以西方净土为主，两侧为对联式的立轴画，分别画《未生怨》和《十六观》。

北壁经变画以佛为中心，宏伟壮观的楼台亭阁，耸立在碧波荡漾的"七宝莲池"中，各种姿态的佛、菩萨，体态优美、面含笑意、神态安然舒适，宝池中莲花盛开，"莲花童子"嬉戏追逐于莲荷之间。舞台上伎乐随着音乐的旋律翩翩起舞，体态轻盈的飞天，穿游于楼阁廊宇之间。飘荡在空中的乐器不鼓自鸣，演奏着美妙悠扬的乐曲。画面里一派幻想的极乐世界的美妙景象。南、北两壁经变画中均绘有场面宏大的寺院建筑群，是唐代壁画中表现建筑群的代表作。

第112窟中的唐代舞乐壁画。画面反映的是十多名伎乐菩萨载歌载舞的情景。画面正中的舞伎手持琵琶，边弹边舞。舞伎的反弹琵琶舞姿优美，动作轻盈。两边的乐伎手持横笛、拍板、琵琶、古琴等各种乐器，为中间的舞伎伴奏助兴。整个画面内容丰富，线条清晰精美，是研究唐代音乐、舞蹈艺术的珍贵资料。

第156窟是唐代归义军节度使张议潮在位期间修建的一座功德窟。前室窟顶西披画3铺经变画：中央画降魔变；北侧画报父母恩重经变；南侧一铺存留部分画面。

这个存留部分原定为法华经变，后经学者考察发现，这是一幅佛顶尊胜陀罗尼经变，其中主尊佛座下的主榜题北侧画一三层经幢，顶层有幡垂下，顶置经板；主榜题南侧画一楼房，楼内有一俗装男子在读经，楼顶平台上置经板该经变还有数方榜题，字迹模糊，将来借助技术手段或可释读出若干文字。

隋唐时期可以说是莫高窟发展的全盛时期，共留下洞窟300多窟。禅窟和中心塔柱窟在这一时期逐渐消失，而同时大量出现的是殿堂窟、佛坛窟、四壁三龛窟、大像窟等形式，其中殿堂窟的数量最多。

塑像都为圆塑，造型浓丽丰腴，风格更加中原化，并出现了前代所没有的高大塑像。群像组合多为7尊或者9尊，隋代主要是1尊佛、2尊弟子、2尊菩萨或4尊菩萨，唐代主要是1尊佛、2尊弟子、2尊菩萨和2尊天王，有的还再加上2尊力士。

这一时期的莫高窟壁画题材丰富、场面宏伟、色彩瑰丽，美术技巧达到了空前的水平。比如中唐时期制作的第79窟服侍菩萨像中的样式，上身裸露，做半跪坐式。

塑像头上合拢的两片螺圆发髻，是唐代平民的发式。脸庞、肢体的肌肉圆润，施以粉彩，肤色白净，表情随和温存。虽然眉宇间仍点了一颗印度式红痣，却更像生活中的真人。

在第159窟中，也是服侍菩萨。塑像上身赤裸，斜结璎珞，右手抬起，左手下垂，头微向右倾，上身有些左倾，胯部又向右突，动作协调，既保持平衡，又显露出女性化的优美身段。

另外一位菩萨全身着衣，内外几层表现清楚，把身体结构显露得清晰可辨。衣褶线条流利，色彩艳丽绚烂，配置协调，身材修长，比例恰当，使人觉得这是两尊有生命力的"活像"。

在唐朝兴起的时候，我国西南部的吐蕃王朝日益强盛。"安史之乱"以后，唐王朝由鼎盛开始走向衰落，吐蕃则乘虚进攻河西，攻陷了凉州、甘州、肃州等地，统治河西长达70多年。

吐蕃也信奉佛教，莫高窟的唐代洞窟中也保存了大量吐蕃时期的壁画艺术，藏经洞内保存了大量的吐蕃文经卷。

五代和宋代的时候，敦煌莫高窟存留下来的有100多窟，但多为改建、重绘的前朝窟室，形制主要是佛坛窟和殿堂窟。

这个时期莫高窟的塑像和壁画都沿袭了晚唐的风格，但越到后期，其形式就越显公式化，美术技法水平也有所降低。

莫高窟共有西夏和元代的洞窟85窟，其中西夏修窟77窟，多为改造和修缮的前朝洞窟，洞窟形制和壁画雕塑基本都沿袭了前朝的风格。一些西夏中期的洞窟出现回鹘王的形象，可能与回鹘人有关。而到了西夏晚期，壁画中又出现了西藏密宗的内容。

元代执政者也崇信佛教，使得莫高窟的开造得以延续，但元代洞窟只有8窟，全部是新开凿的，出现了方形窟中设圆形佛坛形制。典型洞窟有第3窟、第61窟和第465窟等。

其中第465窟位于北区北端二层，是莫高窟仅存和最早的以藏密艺术为题材绘制壁画的洞窟。在北区石窟为数不多的壁画窟中，可谓一枝独秀，有"秘密堂""秘密寺"之称。

此窟前室为覆斗顶正方形，各壁面仅绘藏式佛塔几座并简单纹样。主室也为覆斗形，中心设多层圆形佛坛。窟顶藻井及四披，绘大日如来、无量寿佛、不空成就佛等五方佛。

莫高窟主要历经了北朝、隋、唐、五代和宋、西夏和元时期的兴建，形成巨大的规模，其中以隋唐时期兴建最多，艺术水准最高。

拓展阅读

隋文帝杨坚出生在陕西大荔县般若尼寺，曾受到智仙尼的抚养，13岁时才回到家中，因此对佛教抱有崇敬的心理。他登基后首先就下令修复毁废的寺院，允许人们出家，又令每户出钱营造经像。

隋文帝退位后，他的儿子隋炀帝杨广"子承父业"，继续在全国推广佛教。敦煌莫高窟在隋代得到迅速发展，与隋文帝和隋炀帝的大力推广有着直接的关系，正是在这两者的大力推动下，莫高窟才出现了前所未有的盛况，并对后世产生了深远而重大的影响。

各具风采的彩塑造像

敦煌石窟艺术是集建筑、雕塑、绘画于一体的立体艺术。莫高窟现存洞窟总共700多个，存有彩塑和壁画的洞窟达492个，其中487窟集中分布在断崖南端的1千米范围内。

在492个洞窟中，包括魏窟32洞，隋窟110洞，唐窟247洞，五代

窟36洞，宋窟45洞，元窟8洞。总计有壁画4.5万多平方米，彩塑3000多尊，飞天4000余身，唐宋时期的窟檐木结构建筑5座。

以彩绘泥塑，即彩塑为代表的造像艺术是莫高窟的艺术主体。莫高窟的岩石是一种由砾石、砂石等自然胶结而成的砾岩层，由于硬度、大小、密度不一致，不易雕刻，因而莫高窟的塑像借助了泥塑。把泥塑与彩绘结合起来，形成了莫高窟的彩塑艺术。

石窟中除几尊巨像为石胎泥塑外，大多是用木架结构做骨架，外表用泥塑，干后再彩绘施色。还有的以捏、塑、贴、压、削、刻等泥塑技法，塑出形体，然后通过点、染、刷、涂、描等技法赋彩。

由于开凿年代与审美标准不同，加上民族习俗不同，即使同一题材的塑像显示出的艺术特色也不同，人物千姿百态，各具风采，造诣极高，而且与壁画相融映衬，相得益彰。

莫高窟的第一大佛高35.5米，两膝间宽度为12米。根据敦煌遗书《莫高窟记》记载，这尊大佛为695年由禅师灵隐和居士阴祖所建，是佛国三世中的"未来佛"弥勒佛。

此大佛的制作方法为石胎泥塑，即在崖壁的石沙岩体上凿出佛像的大体形状，再用草泥垒塑、用麻泥细塑，最后着色而成。这尊大佛气势雄伟壮观。

从彩塑的表现手法上看，莫高窟有圆塑、浮塑、影塑手法。圆塑是完全离开墙面的雕塑，包括主像及其两侧的胁侍像，主像有释迦牟尼、弥勒像等；胁侍像早期为2尊菩萨，晚期增加2尊弟子。

浮塑为突出墙面的雕塑。影塑则为粘贴在墙面上的模制雕塑，一般包括粘贴于中心塔柱和四壁上方的供养菩萨、飞天、天王、金刚、力士等。

北凉洞窟的塑像都是单身塑像，而且多以弥勒像为主尊。弥勒像一般都在中心柱和南北壁上层阙形龛中，表示弥勒高居"兜率天宫"。

第268窟的交脚弥勒像是莫高窟最早的彩塑佛像。它整体造型简洁洗练，身披红色袈裟，两脚相交，垂在座前，面部含笑慈祥，神情庄重。

第275窟，主像和壁龛中均为弥勒菩萨。正面主尊为交脚弥勒菩萨，面颊丰满秀雅，五官线条柔和，鼻梁高隆，直通前庭，眼珠外突，鼻翼单薄，嘴唇微抿，神情庄静，头戴宝冠，袒胸露肩。

整个塑像造型简括，稳定挺拔，给人以体魄雄健的感觉，其头上的阙楼象征着弥勒所居住的兜率天宫。

北魏时期的塑像分圆塑和影塑两种，影塑以飞天、供养菩萨和千佛为主。圆塑最初多为1尊佛、2尊菩萨组合，后来又加上了2尊弟子。

塑像人物体态健硕，神情端庄宁静，风格朴实厚重。

圆塑指的是适宜于从不同的角度观看的立体造像，也是洞窟中最为常见的造像。敦煌圆塑多用来塑造佛、菩萨、弟子、天王、力士等主体形象。

影塑即是用模子制成的塑像，以泥、细沙和麦秸做材料，用泥制模具翻制，表面经过处理，然后敷彩。通常将其背面粘贴于墙壁，正面做凸起壁面较高的浮雕状，主要用于衬托圆塑主像。影塑以北朝最为常见。

北魏前期人物面相略长，体瘦肩宽，鼻梁高隆直通额际，眉长眼鼓。佛像体态健硕，神情端庄，塑造手法简练明快，装饰性衣纹密集，纱薄透体。

西魏后彩塑人物形象面貌清瘦，眉目舒朗，眼小唇薄。佛的庄严慈善，菩萨的清秀恬静、金刚力士的威猛粗犷，飞天的飘逸闲畅等特点渐趋明显。

北周时期的塑像出现新的组合方式，窟内的成铺塑像，比前一时期又增加了迦叶和阿难2尊弟子像，从而变成了1佛2菩萨2弟子这种一

铺5身塑像的新组合。

阿难均塑为汉族形象，面相丰圆，少年聪慧。迦叶则为胡貌，高鼻深目，大眼宽腮。有的肌肉松弛，老态龙钟，有的满面笑容，但笑中略带苦涩，真实地刻画了迦叶饱经风霜的经历。

隋代彩塑继承并发展了北周时期的群像形式，在一龛之内以佛为主尊，两侧侍立2尊弟子、2尊菩萨或4尊菩萨，形成3身至7身一组的格局。

一些石窟内出现了北朝时所没有的天王像和很少见的力士像，这种有主有从，有坐有立，有文有武的群像，到唐代时发展为定制。

在表现手法上，隋代彩塑也有所发展。在北朝时期那种以圆塑、高浮塑和影塑等多种形式相配合的老手法基础上进入了主体雕塑的发展阶段。塑绘技术达到了新的水平。

第427窟三世佛造像，高大厚重，朴实简练，极富力量感与感染力。第407窟为隋代最大的洞窟，共有塑像28身，整体特点为头大、体壮、腿短、身高，颇显威严肃穆，使匍匐于地的朝拜者肃然起敬。

在造型上，隋代彩塑沿袭北周而又有发展，典型的特征是面相方正、鼻梁略低、耳垂加长、头大体壮，上身长而腿短，摆脱了"秀骨清像"，追求的是雍容凝重，开始往唐代丰肌圆润的风格发展。

隋代的彩塑在北周具有浓厚的生活气息的艺术风格基础上进一步

接受了当时中原佛教艺术的影响，充分利用了在形象上的写实技巧和典雅富丽的色彩，给神的形象赋予了现实中人的面貌和精神，使塑像开始摆脱早期塑像的神秘感。

唐前期的彩塑在隋代的基础上进一步发展，以整铺的群像为主，由一铺5身、一铺7身而向一铺9身、11身发展，气势宏大，而且全部塑像已都是圆塑，浮塑很少见。

这一时期，造像以佛像为中心的排列呈这样的关系：佛、弟子、菩萨、天王、力士。造像系列中主尊正襟危坐，温和慈祥。

在艺术技巧上，唐代彩塑克服了隋代人体比例不协调的缺憾，写实手法大大提高，更加注意人物性格心理的刻画。

人物形象丰满略胖颇富人格化。尊像的容貌显得庄严沉静，衣褶深厚挺阔，质感很强，彩绘精致，金碧辉煌。

这一时期，作为主尊的佛像一般为结跏趺坐或善跏坐，手势作说法印或施无畏印。塑像整体已经完全摆脱"秀骨清像"的名士风度，代之以雍容华贵、健康丰满的形态。这些佛像的面相变得温和、慈祥、庄严、镇定。

菩萨雕像优雅美姿，面相丰腴，肌肤光洁，神态慈祥，衣饰华美，表现出女性的美丽

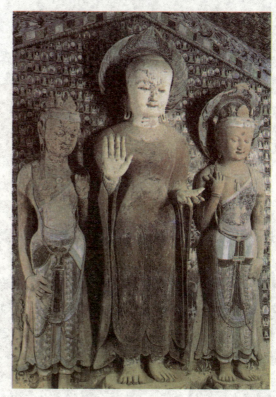

和温柔，更接近唐人理想中的女性形象。以浓郁的女性化特征来装饰严肃的佛窟，充分说明唐朝人开放的个性及对艺术美的大胆追求。

相比之下，天王、力士像则表现了男性的刚毅和力量，这些盔甲严整或是裸露上身的塑像，都有力地体现了古代武士的威严、勇猛、正直、坚毅的性格。

晚唐以后，敦煌彩塑总体上保留了传统的艺术神韵，且不乏精品。晚唐第196窟彩塑一铺，富有晚唐艺术精髓。第491窟的西夏供养天女头梳环髻，身着褙衣，颧骨微突，鼻挺唇薄，眼神含蓄，笑色微露，恰似一稚气未脱的乡间少女，十分逗人喜爱。

总体来说，唐代时期，彩塑艺术达到了顶峰，其后的彩塑造像，无论是形体大小，还是艺术手法，都没有超过这一时期。

拓展阅读

北魏孝文帝为适应社会经济的发展，缓和阶级矛盾和民族矛盾，在5世纪末推行了一系列的汉化措施，其中主要有：任用南方儒士制定礼乐制度；禁止鲜卑语和其他少数民族语言，以汉语为北魏唯一通行的语言，总之是大力吸收南朝文化，包括吸收南朝的艺术。

孝文帝改革后，北方一些石窟寺与画像石刻上，都出现了南方所推崇的"秀骨清像"、"褒衣博带"的人物形象。北魏宗室成员元荣出任瓜州刺史，就把孝文帝改革后的中原文化艺术带到了敦煌，也就直接影响了莫高窟石窟塑像艺术的发展。

雕梁画栋的建筑瑰宝

莫高窟是一座融绘画、雕塑和建筑艺术于一体，以壁画为主、塑像为辅的大型石窟寺。除了壁画和彩塑外，还有大量的古建筑。

莫高窟的石窟建筑形制主要有禅窟、中心塔柱窟、殿堂窟、中心佛坛窟、四壁三龛窟、大像窟、涅槃窟等，此外还有一些佛塔。

各窟大小相差甚远，最大的是第16窟，最小的是第37窟。窟外原有木造殿宇，并有走廊、栈道等相连，具有丰富的艺术特色。

莫高窟内外保存有5座唐宋木构窟檐和一些宋元土木古塔；壁画中绘有大量的各个时代的古建筑形象。从这些窟檐建筑可以推想千百年前人们出于各种目的建造的几百

座窟檐殿堂檐翼相接，画柱雕梁，十分壮观。

在这个唐末宋初的5座木构窟檐中，晚唐末期建造了第196窟窟檐，其上部残毁，仅存4根檐柱及梁枋构件，而且窟檐与洞窟是同时建造的。

北宋时期建造的窟檐包括：970年建的第427窟窟檐，976年建的第444窟窟檐，980年建的第431窟窟檐。第437窟的窟檐没有明确的建造纪年，但其结构形式与邻近的第427窟、431窟的窟檐相比较，时代是接近的。

这几座石窟的窟檐，虽然在规模尺度上稍有差别，但其结构和形式则基本相似，它们都是三间四柱，深约一间，正中一间开门，左右两间开窗。

所有的梁柱都为八边形，柱上有斗拱，柱下无柱础，柱立于地栿之上，栿下有挑出岩体的悬臂梁，梁间铺设木板即成为洞窟之间的往来栈道。

各窟窟檐的外观形制古朴，斗拱的风格以及八边形柱与中原同期古建筑的风格有着较显著的差异。这可能是因为敦煌地处边陲，在建

筑技术上保存了较多古老传统。如第427窟窟檐的木结构梁柱额、枋、斗拱、椽、檩等构件都保存完整。檐下圆椽一层，飞头一层。檐端平直，两翼不翘飞，与壁画中所画建筑的形象相同。

第96窟外层的九层楼，高45米，依山崖而建，位置在莫高窟上寺石窟群的正中，里边供奉的是世界最大的室内盘腿而坐的泥胎弥勒菩萨的造像。由此，人们习惯称九层楼为"大佛殿"。

九层楼前后经历了几次重建，从最初只有两层，后来于1927年至1935年才改建成了九层。上两层是保护33米高的弥勒像头部的顶盖。整个楼身的建造充分利用了地形地势，白壁丹楹，宏伟而秀丽。

九层楼内弥勒菩萨的造像非常丰盈圆润，有典型的唐代风格。据说当年武则天当政时，为了巩固自己的帝位，武则天就对民间宣扬自己是弥勒菩萨的化身，所以当时的弥勒佛造像有很多女性化特征。

在莫高窟窟前园林中，有一座可能建于宋初的小巧的亭阁式塔，木檐土身，单檐八角攒尖顶，上有覆钵相轮的塔刹。塔身正面有门，门额上墨书"慈氏之塔"。门内有方形小室，各壁及穹隆顶均有壁画。这座小塔比例适度，小巧精致。此塔原在三危山中，后来，移到莫高窟前。

另外，莫高窟周围和大泉河两岸还建有几十座佛塔和墓塔。幢幢古塔屹立在沙丘之中，塔身残破斑驳，风姿庄重、古朴。

　　敦煌壁画中绘有大量的建筑物形象，其中有宫殿、阙、佛寺、塔、城垣、住宅，还有监狱、坟墓、高台、草庵、穹庐、帐帷以及桥梁、栈道等，这些建筑形象有许多是以完整的组群形式出现的，可以明确地显示出建筑的群体构图。

　　敦煌壁画中的这些建筑物形象，涵盖上起十六国，下迄唐宋各个时代，其中尤以唐代的最多，表现最充分。

　　唐代敦煌地区的佛教净土宗比较流行，莫高窟洞窟内遍布《西方净土变》、《观无量寿经变》、《弥勒净土变》、《东方药师变》等大幅经变画。这些大幅经变画比较集中地描绘了建筑群的组合和各种类型的单体建筑物形象，内容极其丰富。

　　佛国天堂的景象借组人间宫室、寺院体现。净土世界中殿阁、楼台、宝池、栏杆等形式多样、结构精巧的建筑，反映了唐代的建筑水平。

　　殿堂是莫高窟壁画中最多的一种建筑形象。殿下有台基，大都是砖砌素平台基。唐代中期发展为装饰华丽的须弥座台基，正中设台阶，也有设左右双台阶的，台基边沿有栏杆。

台上殿堂面阔三开间或五开间，亦有七开间的。殿身上覆单檐庑殿顶，也有极少数属于歇山顶。

古敦煌民间对修建家宅十分重视，他们有一种牢固的风俗观，认为"宅者，人之本，人者，以宅为家，居若安，即家代昌盛"。从中可见，对家宅的重视。

当时民间对住宅有着很多考究，要求避免"五虚"，符合"五实"，"宅小六畜多"。这六畜多与人丁兴旺有密切关系，六畜多即意味五谷多，养活的人口多，是家庭兴旺的象征。

在修建房屋时，往往要在梁上、内壁和院墙上雕刻绘画，进行工艺美术的装饰。他们常把中国民间吉祥的象征物龙、凤带入外来的佛寺中，即在堂阁上绘画，在梁上雕龙描凤，雕绘完之后，龙飞腾，凤

飞舞，十分壮观。

莫高窟壁画中的塔有楼阁式、亭阁式、窣堵婆式、金刚宝座式等，造型多样，结构奇巧。这些塔多是以我国的重楼为基本要素，上加印度覆钵式塔作为刹部融合而成，这些塔已经完全中国化了。

壁画中还有宫城、州城、县城，其布局大体相同。城一般都做方形，按轴线对称布置，四周有夯土城墙，两面或四面有城门。门上有单层或重层的城楼，城转角处大多有角楼，是防御性和装饰性相结合的建筑。

敦煌壁画中的建筑形象很多，内容极其丰富。除了殿堂、宅邸、塔以及城楼外，还有楼阁、台榭、阙等等。

总之，莫高窟的建筑体现了人们对天国、人间建筑的理解及要求，客观反映了我国多个朝代的建筑技术和艺术水平，是非常宝贵的文化遗产。

拓展阅读

莫高窟中建筑形象非常丰富，在莫高窟 321 窟的南壁上，有一幅壁画名叫《宝雨经变》，画的是印度大神薄伽梵在伽耶山上，为7.2万僧众说法的故事。

《宝雨经变》中有一幅施工图，此图画一座正在施工即将建成的房屋，房屋三开间，檐柱不施斗拱。双扇大门不在中间，而在右侧。中间有一工匠正在用抹子往墙上抹泥，另有一人在后协助。屋顶也有工匠在劳作。所有工匠都赤裸上身。这类施工场面在莫高窟壁画中是很少见的。

祁连山北麓的艺术石窟

　　河西走廊位于祁连山脉北麓，沿祁连山北麓留下了众多的石窟和石窟群，比如西千佛洞、东千佛洞、榆林窟、昌马石窟、马蹄寺石窟等，它们同样是我国敦煌石窟艺术的重要组成部分。

西千佛洞因其位于莫高窟以西而得名，俗称千佛洞。它开凿于党河河岸的悬崖峭壁上，是敦煌艺术的重要组成部分。

西千佛洞洞窟群于北魏时开凿，迄止于元代，现有洞窟16窟。在保存较好的9个石窟中，中央大多有中心座，座四周凿龛，内塑佛像，四壁多绘贤劫千佛、佛跌坐说法图、佛涅槃像。

中心座和四壁的佛像下，绘金刚、力士像。北魏一石窟内南壁西段绘"睐子经"故事，东段绘"劳度叉斗圣变"故事，为莫高窟北魏洞窟所没有的佛本生故事，可填补其空白，有独特价值。其余窟龛的四壁和藻井则很少绘佛本生故事。

西千佛洞有彩塑34身，壁画约800余平方米。洞窟形制与莫高窟同期洞窟基本相同，大致可分为中心塔柱窟、覆斗顶形窟、平顶方形窟以及敞口长方形大龛4种类型。

隋代第9窟窟型类似于游牧民族的圆帐，是敦煌窟型中唯一的。北

魏晚期第5窟中心柱正面龛内的佛像很具特色，其纯熟练达的塑作技巧和优美的造形，隽秀和庄严肃穆的神态，是典型的秀骨清像，为北魏时期的佳作。

西千佛洞的壁画内容及风格基本上也与莫高窟同期壁画趋于一致，如第10窟南壁窟门两侧的"劳度叉斗圣变"和"睒子本生"故事画，均以白粉作底，墨线勾勒，赭石和青绿淡染，无论是构图设色或是人物形象，均具有浓郁的中原气息。

第15窟的观无量寿经变、东方药师变、降魔变、观音经变等壁画，其精美程度与莫高窟中唐时期最主要的代表作品不相上下。

东千佛洞位于甘肃瓜州县桥子乡东南35千米的峡谷两岸，现存洞窟23窟，其中有壁画、塑像者8窟。东岩3窟，西岩5窟，多为单室窟。形制有长方形中心柱隧道窟、圆形穹隆顶窟和方形平顶窟。

其中第2窟、第4窟、第5窟、第7窟均为长方形中心柱窟，存部分

佛、菩萨塑像，但多为清代重修，唯第4窟西夏高僧像，身着俗装，保存完好。

壁画分布四壁，有经变画、密宗图像、尊像画、装饰图案和供养人像。经变画有西方净土变、药师净土变、文殊变、普贤变、水月观音变等。

密宗图像有坛城图、密宗曼荼罗、十一面观音变、八臂观音变等。尊像画有说法图、释迦行道图、禅定佛像、观音像等。

装饰图案有窟顶装饰、圆光、背光、边饰等，纹样有莲花、忍冬、百花、卷草、火焰、宝珠等。供养人像多为西夏供养人像，并有西夏文题名。

榆林窟又名万佛峡，位于甘肃瓜州县，即原安西县城南70千米处。它开凿在榆林河峡谷两岸直立的东西峭壁上，因河岸榆树成林而得名。

作为敦煌石窟的重要组成部分，榆林窟同莫高窟在洞窟形式、表现内容、艺术风格方面十分相似，可以说一脉相承，互为姊妹窟。

榆林窟开创于隋唐以前，唐、五代、宋、西夏、元、清各代均有开凿和绘塑，进行过大规模的兴建。榆林窟存有完整壁画的洞窟有43

个，其中东崖32窟、西崖11窟。有彩塑272身、壁画5650余平方米。

榆林窟洞窟形制主要有中心佛坛窟、中心塔柱窟、大像窟等3种。各形均始于唐代，后成定式沿用。东西两崖上层洞窟前面多有较深的甬道，且横开连通毗邻各窟的长穿道，这一点与莫高窟有所不同。

榆林窟主室形态主要有3种：一种主室呈长方形，偏后有中心柱，四面开龛，有前室及长甬道，多为唐初开凿，有的甬道长达8米；一种主室呈方形，覆斗藻井，中心设须弥座；一种主室呈方形，覆斗藻井，中心置圆坛，无甬道，多为密宗窟。

彩塑造像主要有佛、菩萨、弟子、天王、力士像等，形式有圆塑、浮塑等。除了第6窟大佛殿宋代塑的高24.35米的善跏坐佛像和第5窟长13米的卧佛像各一身为石胎泥塑外，其余的造像多为清代制作，均为木骨泥塑，艺术水准很是一般。

洞窟开凿在党河水冲刷形成的砂崖上，砂崖高约30米，洞窟悬于半崖，距地约12米到15米。在由南向北长约300米的悬崖峭壁上，洞窟

共有19个，唯有中间5窟可以登临，故被称为"五个庙"。

在与"五个庙"石窟相对的党河东岸上，存有4个残窟。从"五个庙"上溯约5千米处，存有1个石窟，俗称为"一个庙"。

"五个庙"4个残窟的石窟绘塑风格与莫高窟同时期艺术一致。第1窟北魏时凿建，西夏重修，中心柱窟形，壁画有炽盛光佛、黄道十二宫、二十八宿、水月观音像，以及弥勒变、文殊变、普贤变、坛城图等。其余3个窟为五代、宋时凿建，西夏、元重修，塑像均毁。壁画内容有维摩变、说法图、文殊变、普贤变、水月观音、劳度叉斗圣变、弥勒变、药师变及十六臂、四臂观音等汉密图像。

昌马石窟位于甘肃玉门镇东南90千米处的祁连山北麓，源于祁连山的昌马河经窟崖前北流，故名昌马石窟。

昌马石窟群包括大坝千佛洞和下窖两处。洞窟开凿在下窖村西的崖壁上，距地面40米至50米。两处共有窟龛11个，依山势分南、中、

北3段。窟形为中心柱。壁画内容有坐佛、菩萨、骑狮文殊、骑象普贤、经变故事、供养天女、飞天、缠枝团花图案等。

马蹄寺石窟位于甘肃肃南临松山中，计有北寺、南寺、千佛洞、金塔寺和上、中、下观音洞等处，为一规模宏大的石窟群体，计有北寺、千佛洞、金塔寺等处。各处洞窟相距数千米至10余千米不等，绵延近30千米。

每个小窟群，多的达30余窟，少的仅有2窟，总共70多窟。民间传说这里的一块岩石上留下天马的一只蹄印，寺窟由此得名。因其山崖石质属粗红砂岩，不便雕刻，故绝大多数造像为泥塑。

马蹄寺石窟大量洞窟为北魏至明清历代营建或重修，其中北朝9窟、隋1窟、西夏3窟、元19窟、明2窟、清36窟。

　　北寺有三十三天洞、药王殿和藏佛殿，计21窟。除底层只有壁画而无塑像外，其他各层都有石胎泥塑观音。一层至三层均开5窟，四层3窟，五层1窟。窟门排列整齐，间距越往下越疏，外观呈宝塔形。每层之间都有隧道相通，隧道凿在岩壁内部，由第一层北边入口，呈"之"字形，迂回而上。

　　这21个洞窟形制可分为两种，一种是平面方形，顶做成"人"字披；另一种是平面方形，顶作覆斗式四面坡。窟正中都开一大龛，龛内坐佛均为石胎泥塑，壁画绘有影塑千佛。

　　药王殿，又称南坐佛殿，凿于元代，有泥塑药师坐佛像一尊。藏佛殿位于三十三天洞北侧，为北寺洞窟中最大的一个，窟形平面呈

"凸"字形，总深33.5米，宽26.3米，分前堂拜殿、甬道，形成内外两阵。

千佛洞存余10余窟，北朝窟居多，位居马蹄寺东北约3千米处。第2窟、第8窟中心塔柱式，塔柱四面分4层造像。南寺和上、中、下观音洞各有4窟至6窟不等。

金塔寺位于马蹄寺的东南面，为中心塔柱窟。洞窟坐北朝南，开凿在山谷中高约60米的崖壁上。

金塔寺的东窟中心柱座基上分3层造像，下层开圆券形龛，塑坐佛、胁侍弟子、菩萨，龛楣上方各悬塑飞天6身至8身。中层每面开3个小龛，塑交脚弥勒、坐佛、释迦苦修像、胁侍天王、菩萨立像。

上层北东南三面均塑10尊佛、10尊菩萨，西面为元代补塑的5尊佛。四面壁间以影塑的手法塑有坐佛、供养菩萨，以作为填补。

金塔寺西窟形制与东窟相仿，中心柱四面仅下层各开一个大龛，龛外两侧塑菩萨、天王。中层四面居中分别塑倚坐佛、坐佛、半跏菩萨和交脚弥勒，其两侧除北面塑4尊菩萨4尊弟子外均为8尊菩萨。上层塑5尊佛、供养菩萨等。

金塔寺佛像造像脸型丰圆、鼻高唇薄、肩宽体健、庄重安详，菩萨华丽俊美。悬塑的飞天身躯扭曲，略显古朴稚拙，真切感人。

整窟造像结构严整，统一和谐，富丽堂皇，以圆雕、高浮雕、影塑和彩绘相结合的手法，层次分明地塑造了众多的佛教人物形象，充分显示出5世纪前后我国早期石窟雕塑艺术的高度成就。

除了这些石窟外，祁连山北麓石窟还有文殊山石窟、天梯山石窟、水峡口下洞子石窟等，各窟不同程度保存了不同时期佛教洞窟形制、塑像造型、壁画手法等，具有重要的史料价值。

拓展阅读

马蹄寺石窟以其宏大的石窟群，曾经在历史上留下了许多帝王将相和文人墨客的踪迹和诗章。比如明人有一首七律《咏马蹄寺》写道："古刹层层出上方，云梯石蹬步回长。金神宝相莲开座，玉梵清音月近床。茶沸烟腾禅出空，花飞泉落水流香。逢僧共说无生活，回首音尘意自忙。"

从马蹄寺溯马蹄河西去，一路山谷杂树丛生，野花满地，到山谷尽头，悬崖峭壁中冒出一股细流，沿崖直下。

《咏马蹄寺》诗中所写花飞泉落水流香即此。悬崖飞泉，为祁连山雪水沿山石缝隙渗聚而成，天晴时远远望去，能清楚地看见这一奇景。

敦煌壁画

敦煌莫高窟壁画是敦煌艺术的主要组成部分，规模巨大，技艺精湛。敦煌壁画的内容丰富多彩，它和别的宗教艺术一样，是描写神的形象，神与人的关系以寄托人们善良愿望，安抚人们心灵艺术。

尽管敦煌壁画几乎都是描写佛教内容，但宗教思想也离不开现实生活，敦煌壁画中有许多描绘世俗生活的壁画，再现了我国古代劳动人民的生活。

敦煌莫高窟的佛教壁画

敦煌莫高窟壁画数量众多、内容丰富，有佛像、故事、飞天、伎乐、仙女等。从艺术上看，其结构布局、人物造型、线描勾勒、赋彩设色等，均系统地反映了各个历史时期的艺术风格及中西艺术交流融汇的特色。一些有情节的壁画反映了大量具有鲜明时代特征及民族特征的社会现实。

敦煌莫高窟壁画中，最多的是反映佛教文化的壁画，可分为6大类：故事画、经变画、尊像画、供养人画、装饰图案画和神话题材画。在佛教壁画之外，还有社会风俗画及山水画、动物画等。

敦煌莫高窟壁画中的故事画，就是用通俗、形象的画面，把抽象、深

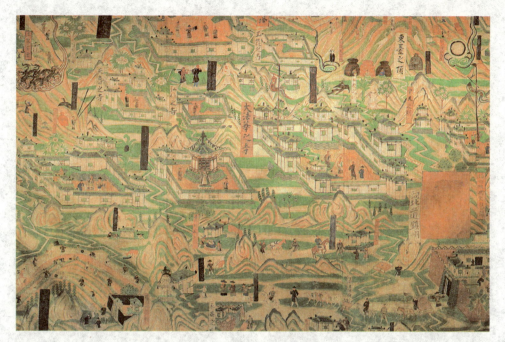

奥的佛教经典史迹表现出来。包括本生故事画、因缘故事画佛传故事
画、佛教史迹故事画等。

本生故事画绘述释迦牟尼过去若干世为菩萨时忍辱牺牲、教化众
生、普行六度的种种事迹与善行。

因缘故事画讲述释迦牟尼成佛后度化众生的故事。敦煌因缘故事
画多以单幅主题画、连环画形式等出现在早期洞窟壁画中。

佛教故事画是描述释迦牟尼从入胎、出生、成长、出家、苦修、
悟道、降魔、成佛以及涅槃等被神化了的传记故事的连环画。一般是
以一个画面一个故事的形式表现，部分以长卷式连环画来表现，到了
晚期则多见于屏风画形式。

佛教史迹故事画是表现佛教传播和佛教历史的壁画，主要有佛教
在传播过程中的历史人物、事件、佛教圣迹、遗迹，灵异感应事迹和
瑞像的图画。

　　敦煌莫高窟壁画中的经变画，即用通俗易懂的图画表现深奥的佛教经典内容。经变画也称为"变"或者"变相"，广义而言，凡是依据佛经绘制的图画，均可以称之为"变"。

　　敦煌经变画专指依据释迦牟尼所讲的某一部乃至几部佛经的主要内容绘成首尾完整、主次分明、情节明晰的大画。

　　经变画自六朝以来就已经出现，是敦煌壁画中最主要的部分，多达30余种、千余壁，而尤以唐五代宋时为盛大。

　　莫高窟壁画中的尊像画，即以释迦牟尼的形象虚构出来的佛像画，有三世佛像、七世佛像、千佛像、十方诸佛像等。另外，还有多种菩萨、天王、弟子像，菩萨像中有观音菩萨、文殊菩萨、普贤菩萨等。

　　在敦煌莫高窟壁画中，几乎每一个时代的每一个洞窟，都能够看到以释迦牟尼的形象虚构出来的许多佛像画，也就是尊像画。在莫高

窟早期洞窟中，以佛为主的说法图很多，而佛陀画像则很少。

敦煌莫高窟壁画中的供养人画，就是信仰佛教并出资建造石窟的人的画像，可以画家族、亲眷、奴婢。莫高窟的建造者既有僧团、地方机构，又有私家僧俗人众。

出行图是敦煌供养人画中的特殊一部分，其主题在于表现窟主的武功、政绩及高贵的身份。作为窟主，出行图表现了他们对佛的敬仰，同时也是其拥有的世俗权力的展示。

敦煌莫高窟壁画中的装饰图案画，主要用于石窟建筑装饰，装饰花纹丰富多彩、千变万化，主要有边饰、顶光、背光、龛楣、人字披、平棋、藻井、莲座、旗帜、花砖、器物、服饰等图案。

敦煌莫高窟洞窟的窟顶绘画了许多装饰图案画，其中有动物纹、植物纹、几何纹、云气纹和人物纹，变化巧妙，结构严谨。

这些纹样大都有一定的象征意义，比如莲花，在印度很早就用它

来装饰，在佛教艺术中，它象征净土，因为莲花出淤泥而不染，所以一切进入极乐世界的，都从莲花自然化生，以示灵魂的纯洁。

敦煌莫高窟每一个洞窟里都有天井和"天花板"，在不同的时代里，敦煌图案具有不同的风格特点和花纹。

敦煌莫高窟壁画中的神话题材画，即以民族传统神话为题材的画。比如在西魏第249窟顶部，除中心画莲花藻井外，东西两面画阿修罗与摩尼珠，南北两面画东王公、西王母驾龙车、凤车出行。车上重盖高悬，车后旌旗飘扬，前有持节扬幡的方士开路，后有人首龙身的开明神兽随行。朱雀、玄武、青龙、白虎分布各壁。飞廉振翅而风动，雷公挥臂转连鼓，霹电以铁钻砸石闪光，雨师喷雾而致雨。这些神话题材画，体现了中原文化与域外文化的某种融合。

在敦煌莫高窟壁画中，除了上述大量的佛教壁画外，还有表现古代劳动人民的生产、生活场景的壁画，称之为社会风俗画。如农耕、狩猎、捕鱼、拉纤、制陶、冶铁、屠宰、炊事、驱车等，还有嫁娶、上学、练武、歌舞百戏、商旅往来、外国使者来访等各种社会活动。

严格说来，敦煌莫高窟的主题是佛教，一切艺术表现形式都是因佛教信仰而产生的，所以不应该存在单纯以社会生活为主题的内容，即使有也是宗教艺术的附属和衬托。

但是，宗教毕竟是人间信仰，在表现宗教题材的同时，不可避免地会出现一些反映世俗社会生活的艺术内容。这就是敦煌社会风俗画产生的根源。

另外，还有山水画、建筑画、器物画、花鸟画和动物画等。山水画作为一种衬托性的表现手法，山水画在莫高窟、榆林窟等石窟中几乎每窟必有，每壁必在。敦煌山水画几乎包括了从江南水乡到北方大漠的所有奇异景致，其中也有个别专门表现山水的大型画像。

敦煌壁画中的动物画多达几十种，在各个时代的洞窟中均有所见。它们多出现在佛传故事画、本生故事画、因缘故事画中，也多集中出现于经变画中。

在洞窟装饰图案或其他一些地方也常能见到各类形式的动物画，其神态各异，活灵活现，大大增加了洞

窟的现代生活气息。

莫高窟的壁画多数属于水粉壁画，制作程序是先把碎麦秸和麻刀和成的泥涂抹在壁面上，其厚度约半寸，然后再在泥壁上涂上一层薄如蛋壳的石灰面，打磨光滑作底。作画时先用赭红色打底，也有用淡墨线打底的。所用颜料大都是粉质的，不透明，层层涂绘，最后再用色或墨线描绘一层就完成了。

莫高窟壁画前期多以土红色为底色，再以青绿褚白等颜色敷彩，色调热烈浓重，线条纯朴浑厚，人物形象挺拔，有印度佛教特色。西魏以后，底色多为白色，色调趋于雅致，具有中原的风貌。

拓展阅读

敦煌莫高窟第285窟建于北魏时期，石窟南壁的壁画，展现了佛祖释迦牟尼感化五百强盗成佛的景象：

从前，有个侨萨罗王国，国中出了500个强盗，无恶不作。国王派精兵良将前来征剿，最终俘虏了他们，并决定对他们处以酷刑。强盗们悲愤欲绝，撕心裂肺地绝望号叫着。呼叫声传进了佛祖释迦牟尼的耳朵，他知道这是强盗在生死线上挣扎呼救，便用神力送来了香山妙药，吹进了强盗的眼眶。霎时，强盗们个个双眼重又见到光明。释迦牟尼又亲临刑场给强盗讲经说法。众强盗听了佛的教诲俯首悔过，口称尊师，成了佛门弟子。从此，刑场附近的森林被称作"得眼林"。很多年后，当年的五百强盗终于修成正果，成为五百罗汉。

北凉佛传本生的故事画

  北凉时期的石窟壁画艺术虽然明显受到希腊和印度文化的影响，但是这一时期的壁画艺术也绝不是原封不动地照搬来自希腊和印度的艺术，它同时还受到来自本土汉文化的影响。

  作为外来的宗教艺术，要想在具有发达的汉文化的敦煌扎根生长，获得当地民众的喜爱，就必须在题材内容、主题思想和艺术风格方面，都要和当地的思想文化协调一致，以适应当地的风土人情。所以，北凉时期的壁画艺术是两者结合的产物。

  北凉时期洞窟内的壁画，是为禅僧们修习禅定和善男信女巡

礼瞻仰用的，主要内容有佛说法图、佛传故事和佛本生故事。

这一时期以佛为主尊的说法图很多，如"北凉三窟"中第272窟的"弥勒佛说法"图，画中的弥勒佛盘坐于中心莲台，右手上举；两边有两位胁侍菩萨侍立。佛头上悬着华盖，身后有项光背光。

另外，第272窟还有供养菩萨在背光上方，在华盖两侧还有两身飞天环绕飞翔。供养菩萨的姿态有持花、徒手或坐或跪于莲台之上，并都做舞蹈状，以表示听佛说法时产生的欢欣鼓舞的热烈场面。

北凉时期的壁画，最有名的是佛本生故事画，这些来自民间的本生故事画，通过工匠们的彩笔，成为莫高窟壁画中最富有人间气息的动人作品。

"北凉三窟"中第275窟南壁中部的佛传故事，主要表现的是释迦牟尼成佛的因缘。故事讲释迦太子成婚之后，不喜娱乐，终日仍惦念舍身出家。他的父亲净饭王十分忧虑，与大臣们商议后，决定让太子出宫游玩，以此来打消他出家的念头。

太子在侍从的陪伴下，出宫游玩，于城东门遇老人，在南门遇病人，西门遇死人，见人世间老、病、死三种大苦。之后在北门遇见出家之人，出家人神采奕奕，不被世间诸苦纠缠，于是太子更加坚定了出家的决心。

整个画面采用汉晋传统形式的横卷连环画形式，人物和景物不分远近，平列构图。人物形象服饰则明显受印度画风的影响，显得较为古朴粗犷。

壁画中太子骑马从城门中出，前有伎乐弹箜篌、琵琶引导，下有侍从百姓礼拜，上有飞天散花相迎。

图中右侧情节为遇老人，老人发、眉、须皆白，面容憔悴，弯腰弓背，老态龙钟，仅着短裤，似正在向太子行礼。

左侧为遇僧人之情节，僧人着右袒袈裟，面容饱满，姿态自然潇洒，左手握袈裟，其健康超脱与老人形成鲜明对比。

北壁绘佛本生故事，是释迦牟尼成佛前，前生累世行善的故事。此窟的这类故事很有代表性，主人公都是佛祖释迦牟尼的前世，体现了他过去为求法而不惜施舍眼睛、头颅、身体甚至生

命的自我牺牲精神。此图仍采用横卷式连环画形式，自西向东排列。

第275窟壁画人物形象突出，这在《虔阇尼婆梨王剜身燃千灯》、《尸毗王本生故事图》、《月光王施头》、《快目王施眼》等壁画中鲜明地体现出来。

《虔阇尼婆梨王剜身燃千灯》讲虔阇尼婆梨王为人正直，喜好正法，向全国发布命令寻求能讲说正法之人。劳度差应召愿为其说一偈语，但要求国王必须在自己身上剜1000个洞点燃千灯。大臣属民都劝国王不要这样做，国王却毫无惧色，为听闻法语果然身燃千灯。佛教护法神帝释天被其诚心感动，最后使国王身体恢复如前。

在这幅壁画中，国王端坐，上有飞天散花，前有一人正在剜凿国王的身体，坐下一人正恐惧地看着眼前发生的一切。

《尸毗王本生故事图》的画面上尸毗王垂了一条腿坐着，有人用刀在他腿上割肉，另外有人手持天平，在天平的一端伏了一只安静的鸽子。

在这幅只是反映了这个故事内容的一部分，其具体情节是：佛的前身尸毗王为了从鹰的口中救出鸽子的性命，愿意以和鸽子同等重量的一块自己的肉为赎。但割尽两股、两臂、两胁以及全身的肉，都仍然轻于鸽子。最后他决心站在秤盘上去，结果天地震动，尸毗王得到完全平复，且超过了以往。

《月光王施头》讲的是月光王仁明慈悲，救济贫困，爱民如子。有一毗摩斯那王，很妒忌他，悬赏找能取月光王头的人。外道劳度差应募，冲破重重阻力，来到月光王面前，向月光王乞头。月光王不顾众人劝阻，毅然应允，并说过去已经布施过999颗头，再施一次就满1000了。于是他将头发系在树枝上，让劳度差砍头。

此图也是由两个画面组成，左侧月光王端坐于束帛座上，用左手指自己的头，面前有一侍者跪捧托盘，盘上有3颗人头，表示月光王在前世已经布施过很多次头颅了。右侧月光王以发系于树上，身后一刽子手举斧欲砍，表示任劳度差砍头的情节。

《快目王施眼》故事讲的是富迦罗拔城，有一名叫快目王的国王，眼睛明亮，心地慈祥，喜好施舍，得到众人的赞扬。快目王属下有一小国国王名叫波罗陀跋弥，天生傲慢，从不听从快目王的命令。

快目王派兵讨伐，波罗陀跋弥为了逃避惩罚，派一盲婆罗门去要快目王的眼睛。快目王十分高兴，说用这双眼睛进行布施，可以求得佛无上一切智眼，遂令部下将自己的眼睛剜下布施给婆罗门。

壁画中王者端坐，面前有一人刺国王的眼睛。人物造型体态健壮，用晕染法来表现立体感，人物形象均以土红线起稿，赋色后以深墨铁线定型，线描细劲有力。

北凉壁画人物手中经常持有花或供器，也有双手合十的。还有的供养菩萨画成舞蹈或奏乐的状态，总之造型各异，姿态万千。

拓展阅读

北凉时期的第275窟中，有一幅壁画叫《毗楞竭梨王身钉千钉》，讲的是毗楞竭梨王的故事。毗楞竭梨王喜好妙法，有一个叫劳度差的婆罗门，称如果有人愿意在自己身上钉一千个钉子，他就为那人说法。毗楞竭梨王知道后非常高兴，请劳度差说法，并任劳度差在自己身上钉钉子。

在《毗楞竭梨王身钉千钉》这幅壁画中，劳度差一手执钉、一手挥锤，正向毗楞竭梨王身上钉钉。国王神态安详，似乎正沉浸在听闻法语的喜悦当中，完全忘记身钉千钉的痛苦。

北朝本生和因缘故事画

　　莫高窟北魏洞窟壁画内容丰富，故事画是主体，在故事画中，尤以本生故事和因缘故事最为突出。北魏洞窟中第254窟和第257窟的壁画比较丰富。其中第254窟的《尸毗王本生故事图》、《萨埵那太子本生

故事图》和第257窟的《鹿王本生故事图》是有名的北魏代表作。

《萨埵那太子本生故事图》讲述的是一个劝人舍己救人的故事。说是古代一个国土有3个太子到山林中游猎，看见母虎生了7只小虎，才7天，饥饿不堪。最小的太子萨埵那是佛的前身，他大发慈悲的心肠，劝走了两个哥哥以后，就脱了衣服跳下山去，打算牺牲自己救助饥饿的老虎。但饿虎已经没有力气去接近他，于是他又攀上山头，用干竹刺自己脖颈出血，再跳下去，饿虎舐了血，然后食其肉。

萨埵那的两个哥哥回来看见了，悲痛地收拾了他的骸骨，并将这件事告诉了国王，于是国王为萨埵那修了一座塔。这幅画是把主要情节连续地布置在一幅构图之中，另外在色彩运用上，以深棕为主调，错综着青、绿、灰、黑、白等冷色，表现出一种阴暗凄厉的气氛。

《九色鹿经图》绘于敦煌第257号洞窟的西壁中部。是根据佛家"鹿王本生"这个故事而绘的。鹿王本生这个故事是这样的：古印度恒河边，有一只美丽的鹿，它身上的毛色由9种不同的颜色组成，名叫九色鹿，非常美丽。

一天，九色鹿在恒河里奋力救起一个失足溺水者，当溺水者要报答它时，九色鹿只是要求他不要把今天自己救他的事说出去。溺水者满口答应，谢恩而去。

在豪华的宫殿里，王后梦见美丽的九色鹿，她一心想用多彩的鹿皮做褥子，用鹿角做佛柄。在王后一再的恳求下，国王爱妻心切，最终答应了她昭告天下寻找九色鹿。

重金悬赏之下，那个溺水者禁不住向国王透露了秘密，并给国王和他的军队带路去猎杀九色鹿。九色鹿虽有好友乌鸦的报信，终还是没有来得及避开。当它见到那个溺水者时，悲愤的眼泪流下了眼角。

九色鹿用人语向国王说明一切，被感动的国王从此下令不许任何人伤害、捕捉九色鹿。而那个溺水者因为自食其言，顿时浑身长疮，满口腥臭，得到了惩罚。

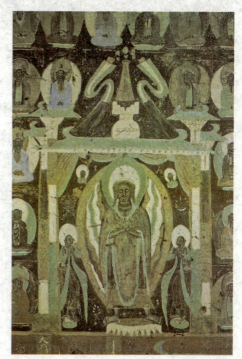

《九色鹿经图》描绘了故事的8个情节部分：救人、溺水者行礼、国王与王后、溺水者告密、捕鹿途中、休息的九色鹿、溺水者指鹿、九色鹿的陈述。这样的情节处理，摒弃了传统的依序式安排，而是将故事的高潮，即"九色鹿的陈述"放在画面的中心位置，画作的左面自左而右是救人、溺水者行礼、休息的九色鹿3个情节，右面则是国王与王后、溺水者告密、捕鹿途中和

溺水者指鹿，画面被处理得极富感染力。

九色鹿虽为9种颜色，画家却用白色作为鹿的主色，再用石绿、赭石在鹿身上点彩示其9色，所以整体上，鹿的白与国王的黑马形成强烈的对比，而国王与马表现出的姿态多样和富有动态，又与九色鹿的纯净安详相衬托，使画面张力十足。

因缘故事主要有《须摩提女因缘图》、《难陀出家因缘图》等。

《须摩提女因缘图》讲的是须摩提女笃信佛教，她的夫家却信外道。她的公公满财听说佛祖神通广大，让须摩提女请佛到家里"赴宴"。

佛得知其中的意念，带弟子"赴宴"。佛弟子各显自己的神通，坐着各自变化的动物来到满财家，释迦牟尼和许多侍者最后到达。满

财一家看到佛及弟子的种种神通，惊叹不已，最后都皈依了佛教。

第257窟北壁和西壁的"须摩提女因缘"以连环画和组画相结合的方式，描绘了17个场面，特别是对腾空飞来的乘骑的刻画，别具匠心，意趣各不相同。图中以"五"代表"五百"之数，众弟子结跏趺坐于所现化身之上。浩浩荡荡地赴会的形象，虽然出于想象，但在各种不同动物性格特点的描写上颇得其神。

《难陀出家因缘图》说的是释迦牟尼的弟弟难陀，出家后仍迷恋世俗生活，常偷偷回家与妻子相会。释迦为让他割断尘世中的一切因缘，先带他到天堂，使他看到了美好幸福。后带他到地狱，等待难陀煎煮，使他看到无数苦难，最后使难陀去掉了一切杂念，专心绝世进行苦修。

　　《难陀出家因缘图》画面为释迦坐于草庵之中讲说戒法，草庵两侧为镇禅力士和执剃刀的剃发戒师，两侧中层绘有修禅僧众和听法菩萨，上层绘有飞天，下层绘难陀与妻子难分难离的缠绵情景。

　　整幅壁画虽只用两个小小的角落来绘制难陀与妻子恋恋不舍的情景，却画得十分传神，表现出了人物内心的矛盾。

　　北魏时代洞窟中表现这些本生故事和因缘的壁画一般是比较简单的，除了在内容上曲折地反映了深受痛苦的人民生活以外，便是一些传统绘画的形象。一些新创造的人物在动作体态上具有生活的真实感，而在构图上，充分展开情节的能力不高，但形象之间已经具有了一定内容上的联系，而不是单纯的排列。

　　此外，这一时期开始出现大量的场面宏大说法图，而且其位置显著。第251窟、第206窟、第263窟等窟的壁画布局，都是南北壁中间或偏东画佛说法图，左右上三面画千佛。

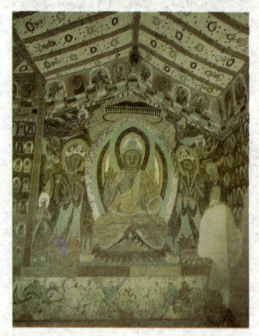

　　这些千佛虽然千篇一律，但它们四五个一组，以红、绿、蓝等色有规律地交错配置，组合成霞光万道的效果，使窟内的宗教气氛异常浓烈。

　　到了北周，石窟中的壁画得到了全面发展，故事画种类多样，情节丰富，形式完美，较之以前，都有了较大的发展。

　　第290窟的佛传图是一幅长达25米的连环画，北周之前的佛传图均为断面画，而这一窟的佛传图从乘象入胎，直到出家、成道和说法一共画了80个左右佛传中的主要场面，在东披和西披共分6列，每披上下共分3段，全图互相衔接紧密地连成一气，内容丰富完整。

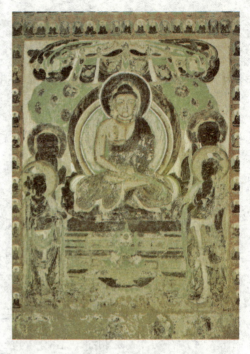

第290窟的佛传图在风格上也进一步民族化，图中人物的衣冠多为汉晋遗制，而且，在内容表现上不再直接，而采用了一些含蓄的手法，如路遇死人，并不直接摆出死人，而只是画出殡丧车来。

在题材上，北周时期也出现了符合中原伦理的宣传忠孝、慈爱的故事画。如第296窟的《善事太子入海求珠》描绘的就是善事太子为了救济国内的穷人，率领500勇士到大海中寻找如意宝珠的故事。

这个故事画以二段横卷式画面，由右至左的顺序表现，共描绘了42个情节。整个故事在善与恶两个象征性的对立人物矛盾中发展。

第299窟的《睒子本生》也是宣扬儒家忠孝思想的故事画。画在窟的顶部北侧，沿藻井边缘的一条长画卷形式的壁面上，故事由两头向中间叙述，左侧由左至右，右侧则由右至左，分别描绘连贯的故事情节。故事的结尾放在画面的中央，突出了睒子的形象。整幅画充满着儒家"忠孝"思想，宣传的目的鲜明昭然。

这一时期，除了这些丰富的故事外，开始出现了经变画，如第296窟的《福田经变》。这幅画描写了一些独立的生活片段，生活气息浓郁，而宗教气氛明显淡薄。

北周时期的壁画在画面结构上也有了新的面貌，有的故事画多达80多幅画面，也有的呈现"凹"字形、波浪形、"之"字形等。

这一时期的壁画出现了相对较多的世俗化内容，这无疑为壁画增添了人间生活气息。另外，北周后期再绘画技法上，已经逐渐将外来的晕染法同本土的线描法等结合起来，为此后隋朝的进一步融合奠定了基础。

北周时期莫高窟洞窟的艺术风格，已经开始了外来与本土相结合的道路。在造型上，中原式"秀骨清像"与外来的丰圆脸形互相结合而造就了新形象。在晕染技法上，中原式与外来式互相结合而产生了既染色也体现明暗的新晕染法。在人物造像上，淳朴庄静与潇洒飘逸相结合产生了温婉娴雅，富于内在生命力的新现象，从而更加使人感受到浓厚的生活气息。

拓展阅读

南北朝时期，为了适应民族审美的特性，佛教壁画的造型与汉晋传统绘画的造型进一步结合起来了，人物的晕染，逐步与面部肌肉的起伏相结合，由形式感较强，运笔粗犷的圆圈晕染，变为合理而细腻柔和的晕染。

在北朝北魏洞窟故事画中，出现了头戴胡帽，身着汉式深衣大袍的世俗人物，与汉族供养人画像的服饰相同。说明南北朝时期的佛教故事画已经开始世俗化和本土化。

继承且创新的隋代壁画

　　隋代洞窟壁画佛教故事画表现丰富，出现很多生活景象的具体描写，都是简单而有真实感，构图也比较复杂并多有变化。体现了隋代石窟壁画的继承与创新。这一时期，除了前期已有的佛像画、本生故事画、因缘故事画、佛传故事画等以外，还增加了大量的经变画，而且随着时间的推移，故事画日渐减少，到隋代晚期，本生画已经消失，经变画却日益增多。

　　第420窟窟顶的"法华经变"是隋代规模最大、内容最丰富的一幅经变画。它分布在该窟覆斗形顶的四披上，每披一品，南披为譬喻品，北披为序品，东披为观世音普门品，西披或为方便品。各品表现内容不同，但

皆丰富多彩。

在隋代第303窟的北壁千佛图案中，有一幅释迦牟尼和多宝佛说法图。图中的释迦牟尼和多宝佛均一腿平放，一腿曲抬，手作说法印，坐于双狮座上。这两个佛身后各有捧着精美莲花的供养菩萨，两侧各有一身手持莲花的胁侍菩萨。

这幅壁画的图形有了新的特点，多宝塔画成了佛龛形，释迦牟尼和多宝佛坐于龛内。人物也增多了。人物造型和绘画艺术仍沿用北周风格。

隋代单身菩萨像逐渐增多，如第394窟和第276窟，西壁佛龛两侧中间各画一身胁侍菩萨。第276窟的迦叶身旁还有一尊观世音菩萨。此观音菩萨的造型已有变化，其身材修长，脸形丰圆，神态也比较慈祥，衣饰华丽，已脱离隋代风格，向唐代菩萨过渡。

隋代已经不采用单幅画的形式，完全用横列的手卷式的连环画出现。故事分段更细，表现更为复杂，背景的山水树木屋宇，尤富于装饰的情趣，所用的颜色，以青、绿、白、棕为主。

　　隋代本生故事画中，第419窟中的《须达拿太子施象》壁画是代表作，该画画面构图灵活多变，主要情节画面较大，放于横卷中心位置，而次要情节画面较小，放于主要情节画面的上下和周围，使画面层次分明，主题突出，增强了故事的感染力和表现力。

　　隋代洞窟供养人画像继承了北周传统，保持着装饰效果和程式化手法，大多画于石窟下部。

　　图案画是隋代洞窟壁画中最丰富多彩的。隋代壁画图案装饰，内容丰富，形式多样，制作精美，远超过前代。其图案装饰有莲荷纹、忍冬纹、云气纹、火焰纹、水波纹、双龙纹、联珠纹、垂角纹等等。这些图案装饰既有继承性，又有创新性。

　　这些图案不仅大量用于菩萨塑像及画像的衣饰中，也用于它身后的背光、龛楣及窟顶等处。藻井尤为富丽，其结构大都为中央是莲花，四框是各种"二方连续"纹样。

　　"二方连续"纹样亦称花边纹样，指一个单位纹样向上下或左右两个方向反复连续循环排列，产生优美的、富有节奏和韵律感的横式或纵式的带状纹样。

　　隋代洞窟之所以给人的总体印象是装饰趣味很浓厚，这是和图案

应用的普遍和它的多样化分不开的。

除了佛教题材外，隋代壁画中也有我国传统题材，即有我国传统神话、神仙故事中的人物形象出现，但已与佛教思想更加紧密地结合起来。

敦煌飞天是敦煌壁画中极其突出的一项艺术成就，是敦煌壁画艺术的标志，被唐代人赞誉为"天衣飞扬，满壁风动"。

飞天在印度佛教中是佛的护法神，能奏乐、善飞舞，且身上还散发出芬芳，常出现在鼓乐齐鸣的法会上。宋代《太平御览》卷《天仙品》中写道：

飞行云中，神化轻举，以为天仙，亦云飞仙。

敦煌莫高窟的492个洞窟壁画中共绘有飞天4000余个。北凉时的飞

天多画在窟顶平棋岔角，窟顶藻井装饰中，佛龛上沿和本生故事画主体人的头上。

其造型和艺术特点主要是头有圆光、脸型椭圆，直鼻大眼，大嘴大耳、耳饰环绕，头束圆髻，或戴或蔓，或戴印度五珠宝冠，身材粗短，上体半裸，腰缠长裙，肩披大巾，由于晕染技法变色，成为白鼻梁、白眼珠，与龟兹等石窟中的飞天，在造型、面容、姿态、色彩、绘画技艺上都十分相似。

北魏时的飞天所画的范围扩大了，不仅画在窟顶平棋、窟顶藻井、故事画、佛龛上面，还画在说法图、佛龛内两侧。北魏的飞天形象，有的洞窟大体上还保留着印度式飞天的特点，但有一些洞窟里的飞天形象，已发生了明显的变化。

北魏时期的飞天眉清目秀，鼻丰嘴小，五官匀称谐调。头有圆光，或戴五珠宝冠，或束圆髻。身材比例逐渐修长，有的腿部相当于腰身的两倍。

这时飞天的飞翔姿态也多种多样，有的横游太空，有的振臂腾飞，有的合手下飞，气度豪迈大方。势如翔云飞鹤，飞天落处，朵朵香花飘落，颇有"天花乱坠满虚空"的诗意。

虽然飞天的肉体与飘带已经变色，但衣裙飘带的晕染和线条十分

清晰，飞天飞势动态有力，姿势自如优美。

北周飞天最突出的是面部和躯体采用凹凸晕染法，后来因为变色，出现了五白；即白棱、白鼻梁、白眼眶、白下巴。身躯短壮，动态朴拙，几乎又回到了莫高窟北凉时期飞天绘画风格特点。但形象却比北凉时期丰富得多，出现了不少伎乐飞天。

隋代是莫高窟绘画飞天最多的一个时代，也是莫高窟飞天种类最多、姿态最丰富的一个时代，除了画在北朝时期飞天的位置，主要画在窟顶藻井四周、窟内上层四周和西壁佛龛内外两侧，多以群体出现。总体上说，隋代飞天是处在交流、融合、探索、创新的时期。总趋势是向着中国化的方向发展，为唐代飞天完全中国化奠定了基础。

第427窟是则隋代大型洞窟之一，也是隋代画飞天最多的洞窟，此窟四壁上沿天宫栏墙之上飞天绕窟一周，共计108个。她们有的双手合十，有的手持莲花，有的手捧花盘，有的扬手散花，有的手持箜篌、琵琶、横笛、竖琴等乐器，朝着一个方向绕窟飞翔。

第404窟是隋代中后期的一个中型洞窟，窟内四壁上沿画天宫栏墙，栏墙上飞天绕窟一周，如同第427窟的飞天一样，姿态各异，有的手持莲花，有的手托花盘，有的扬手散花，有的手持各种乐器，朝着一个方向逆风飞翔，体态轻盈，姿势优美。

第404窟在首饰服饰上有了很大的变化，头无圆光，不戴宝冠，有的束桃型仙人髻，有的束双环仙人髻，有的束仙童髻，脸为蛋形，眉清目秀，身材修长，衣裙轻软，巾带宽长。衣饰、面容、身态如同唐代初期的飞天，已经完全中国化。

总之，隋代敦煌壁画进一步摆脱了外来艺术的影响，走向创造自己民族艺术形式的道路。这种充分体现自己民族特色的壁画艺术，获得了广大人民的喜爱。

拓展阅读

长期以来，一直无法确定绝大部分敦煌壁画的作者。研究认为，敦煌画师的来源主要有4种：来自西域的民间画师；朝廷的高级官吏获罪流放敦煌时携带的私人画；高薪聘请的中原绘画高手；来自五代时期官办敦煌画院的画师。

在敦煌文献中，所有的画师都被称为画匠或画工，可见画师们主要来自民间，社会地位并不高，他们创作壁画时很可能就住在阴暗潮湿的洞窟里。壁画中大量的田间劳动场景，活生生地再现了当时的经济状态和科技水平。

叹为观止的唐代壁画

唐代敦煌壁画的题材，大致可归纳为4类：净土变相；经变故事画；佛、菩萨、供养人画像；佛教史迹画。其中，经变画取得了巨大成就。

净土变相是佛教净土宗信仰流行的结果。佛教中讲西方净土是永无痛苦的极乐世界，人死后可以重生。净土变相就是用图画描写西方极乐世界的楼台伎乐、水树花鸟、七宝莲池等美丽的事物，以劝诱人们信仰阿弥陀佛，以便将来有机会去享受。

　　在那些有现实根据的美丽的形象中，透露出对于现实的物质生活的繁华富丽加以积极的赞扬与肯定。这种思想虽然与宗教信仰相结合，然而与主张人生寂灭、世界空虚的清净的、禁欲的思想很不相同，净土变相中充满了肯定生活的开朗的欢乐的气氛。

　　净土变相的构图是绘画艺术发展中的重要突破。利用建筑物的透视造成空间深广的印象，而复杂丰富的画面仍非常紧凑完整。

　　莫高窟的唐代净土变相有100多幅。第172窟的净土变相可以是盛唐时代净土变相的代表作之一。

　　唐前期的经变画画面更加复杂，人物和场景众多，表现了画匠宏大的气魄和处理复杂构图的能力，也反映了人们对生活的积极态度。

　　这一时期的经变画以极力渲染西方极乐世界的阿弥陀经变最多，这类壁画线条流利圆润，构图清晰完整，气氛热烈和谐，呈现出一片

欢乐、祥和、幸福的景象。与内容的变化相适应，壁画的色彩也趋于热烈，形成了鲜艳明快、富丽绚烂的视觉效果。

本生故事和佛传也算是经变的一种，在唐代，本生故事画和佛传也用新的方式出现，中部是巨幅极乐世界说法图，两侧为立轴式连环画，一般是"未生怨"和"十六观"。

"未生怨"是用连续故事画表现频婆娑罗王为了求子先杀了一个修道之士又杀了修道之士投生的白兔，结果生了阿阇世太子，但太子长大却把父王囚禁起来，并要拔剑杀母后。

"十六观"是表现看着太阳、月亮、水、地、树、宝池、楼台等16种不同情况下的静坐冥想。药师净土变的特殊内容是用一系列的小幅画作表现的12种大愿。

壁画的形式有横卷式、条幅式、棋格式和屏风式等形式，故事内容大都与"十六观"相对应，中间或上部绘大型的"阿弥陀西方极乐世界"。

唐代人们对菩萨信仰普遍，这使得艺术家制作菩萨像产生了极大的兴趣。这一时期，菩萨像绘画得都很高大，很细致，单身菩萨像盛行起来。

这些菩萨像顶梳高髻，头戴宝冠，胸前杂饰珠串璎珞，臂腕佩带环链，天衣飘飘，长裙覆足；面相丰满端丽，身体比例匀称健美。

初唐第57窟的观音像最为优美，她体态婀娜，神态略显沉思，头部微斜，脸为蛋形，细眉长眼，鼻直唇小，全身上下，珠光宝气，一手举颏下，一手下垂身后，赤足踩莲花。

盛唐的第205窟中，高大观音头戴宝冠，系长裙，披巾带，亭亭玉立在大莲花上。在观音的右下方，还画有一供养人，通过目光对视和一串念珠，把神和人巧妙地联系在一起。

唐代供养人画像也有很多，第139窟供养人画像是两三米高的大像。无论是主人还是奴婢，都具有曲眉丰颊、丰肌腻体的特征。每个

人的面部表情各不相同，主人们雍容华贵，手持香炉或鲜花，表现出虔诚的心态；奴婢们有的捧着琴，有的捧着花，有的捧着水瓶，还有的左顾右盼。

在莫高窟唐代壁画供养人画像中，真实地反映了当时现实生活中的各种事实，表现了不同阶级、阶层人们的感情和愿望，为后世留下了生动丰富而又形象的历史资料。

唐前期壁画题材的另一大突破是佛教史迹画的出现。在武则天大力弘扬佛教的时期，莫高窟第323窟出现了一批佛教史迹画。这些壁画有真实的历史人物和历史事件，也有佛教徒们虚构的场景。

唐前期的供养人画像也有突破，打破了前代千人一面的模式，注重刻画不同人物的特点和个性，供养人的形象也由小而大。

唐代图案画在隋代的基础上，又有了更进一步的发展，其内容更加丰富，形式更加多样化，唐时期的图案画及其纹样，吸收了罗马、印度图案纹样的艺术风格，结合自己民族图案纹样的基础和特点，完

成了新的伟大的艺术创造。

　　唐前期石窟壁画的装饰图案以卷草纹最为普遍，主要以流利宛转的线条描出正反相间的卷叶，再填充莲花、宝相花、海石榴花等花卉图案，并巧妙地配以孔雀、灵鸟、飞天等。这种卷草可以自由舒卷，适应于任何空间，也最富于变化。

　　在莫高窟唐代洞窟中，到处可以看到藻井、龛顶、背光、莲座、塑像及供养人服饰图案画。在经变画的四周，同样绘饰着艺术家们精心设计的图案画。

　　在第217窟中，窟顶为覆斗形，中心方井为绛红色，由莲花、云纹等多种花样图案绘制而成。中心的小莲花仰开绽放，四角绘有莲花纹样，有五彩边饰。

　　其整体构图严谨，色彩艳丽丰富，层次分明清晰，纹样严密，结构紧凑，充分显示了唐代图案纹样艺术的卓越高超之处。

　　唐代是敦煌飞天艺术发展的最高峰，也是其定型化的时代。这时期的敦煌飞天已少有印度飞天的风貌，是完全中国化的飞天。

　　唐代是莫高窟大型经变画最多的朝代，窟内四壁几乎都被大型经变画占领，飞天亦主要画在大型经变画中。在题材上，一方面表现大型经变画中的佛陀说法场面，散花、歌舞、礼赞做供养。另一方面表现大型经变，如佛国天界、西方净土、东方净土等极乐世界的欢乐。

　　唐代天飞绕在佛陀的头顶，或飞翔在极乐世界的上空。有的脚踏彩云，徐徐降落；有的昂首振臂、腾空而上；有的手捧鲜花，直冲云霄；有的手托花盘，横空飘游。其飘曳的衣裙，飞卷的舞带，正如唐代大诗人李白咏赞仙女诗描写的诗情画意：

素手把芙蓉，虚步蹑太清。
霓裳曳广带，飘佛升天行。

唐代前期的飞天具有奋发进取、豪迈有力、自由奔放和奇姿异态，变化无穷的飞动之美。这与唐王朝前期开明的政治、强大的国力、繁荣的经济、丰富的文化和开放的奋发进取时代精神是一致的。

第321号窟西壁佛龛两侧各画两身双飞天，这两身飞天眉目轮廓，衣裙彩带的线条十分清晰，身材修长，昂首挺胸，双腿上扬，双手散花，由上而下，徐徐飘落，有飞燕行空的潇洒轻盈之美。

第320号窟的四飞天画在南壁《西方净土变》中阿弥陀佛头顶华盖的上方，每侧两身，以对称的形式，围绕华盖，互相追逐：一个在前，扬手散花，反身回顾，举臂紧追，前呼后应，表现出一种既奋发进取，又自由轻松的精神力量和飞行之美。

飞天的四周，彩云飘浮，香花纷落，既表现飞天向佛陀作供养，又表现佛国天堂的自由欢乐。飞天的肉体虽已变黑，面容不清，但整

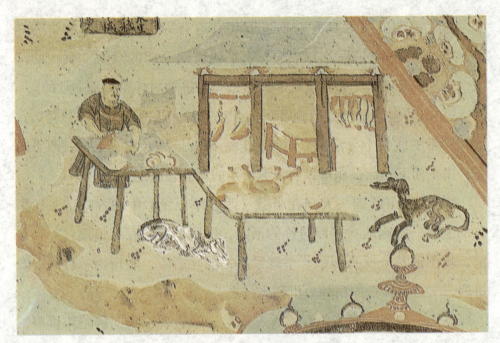

体形象清晰，身材修长，姿态轻盈，人体比例准确，线描流畅有力，色彩艳丽丰富，是唐代飞天代表作之一。

唐代后期的飞天，在动势和姿态上已经没有了前期时的那种奋发进取的精神和自由欢乐的情绪了，在艺术造型上，衣饰已由艳丽丰厚转为淡雅轻薄，人体已由丰满娇美变为清瘦朴实，神态已由激奋欢乐变为平静忧思。

唐后期最有代表性的飞天是画在中唐第158窟西壁大型《涅槃经变》图上方的几身飞天。这几身飞天围绕《涅槃经变》图上层的菩提树宝盖飞翔，有的捧着花盘，有的捧着璎珞，有的手擎香炉，有的吹奏羌笛，有的扬手散花。

但飞天神情平静，并无欢乐之感，在庄严肃穆的表情中透露出忧伤悲哀的神情，体现出了一种"天人共悲"的宗教境界。同时，也反映出唐代后期国力衰败、国人忧思和当时吐蕃族统治敦煌地区时官民向神佛乞愿回归大唐的情绪。

敦煌飞天，经历了千余年的岁月，展示了不同的时代特色和民族风格，许多优美的形象，欢乐的境界，永恒的艺术生命力强烈吸引着人们。

从五代至元代，包括五代、宋代、西夏、元代四个朝代，大约460余年，这一时期的敦煌飞天继承唐代余风，图形动态上无所创新，逐步走向公式化，已无隋代时创新多变，唐代时的进取奋发精神。

第327窟中的飞天一手捧花盘，一手弹凤首箜篌，逆风飞翔，衣裙飘曳，长带飞舞，飞天身上，鲜花纷落，飞天身下，彩云飞旋，虽无唐代飞天的气势，但其飞行动态也很生动，可以说是宋代飞天的代表作品。

西夏时期的飞天，一部分沿袭宋代的风格，一部分具有西夏独特的风格，最大的特点是把西夏党项族人物风貌和民俗特点融入了飞天

的形象，脸形长圆，两腮外鼓，深目尖鼻，身体健壮，身穿皮衣，多饰珠珠，世俗性很强。

其中具有代表性的是第97窟中的童子飞天，该窟西壁佛龛内侧，各画一身童子散花飞天，形象、姿态、衣服相同，头顶秃发，两侧梳小辫，圆脸细眉，眼角上翘，厚唇鼓腮，赤膊光腿，肌肉丰满，体格健壮。臂饰珠镯宝钏，腰系兽皮肚围，脚空短筒皮靴。

如果抹去童子飞天臂上的巾带，脚下的彩云完全是一位党项族打扮的男童，从人物形象、发式、衣饰上看，都表现出了西夏党族的特点和生活风格。

童子飞天一手持莲花，一手持花盘，一腿弯曲，一腿上扬，由上而下飞行。背上彩带飞舞，飞动气势不强。这两个飞天已无早期神天佛国乐神和歌神的神态，也无唐代飞天婀娜多姿的风韵。

拓展阅读

唐前期敦煌壁画的主流是表现欢乐、祥和、幸福景象，与北朝壁画中的残酷、悲惨场面形成鲜明的对照。在朝不保夕，轻视人命的南北朝时期，面对悲惨的现实，人们感到无望，比较容易接受佛教关于忍辱牺牲，以求来世成正果的宣传。唐代敦煌壁画这种积极乐观的变化，归根到底，是由唐代现实生活发生的变化决定的。

在唐代前期，社会相对安定，下层生活稍微有保障。在这样的历史条件下，表现欢乐祥和幸福景象的壁画逐渐成为了这一时期敦煌壁画的主流。

绚烂精美的榆林窟壁画

　　壁画是榆林窟艺术的代表，也是其价值的最大体现。榆林窟壁画多为唐代至元代800余年间的作品。内容十分丰富，有场面宏大的巨幅

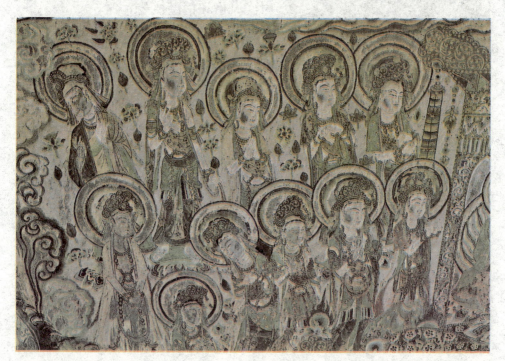

经变画，形象生动的单幅佛像画、装饰图案和种类繁多的奇花异草、飞禽走兽，还有一定数量的当时社会生活、生产、科技等现实画面。从唐到元，历代都有佳作，其中第25窟的唐代壁画，更是世所罕见的珍品。

唐代洞窟中第25窟艺术价值颇高，前室正壁门两侧分别绘毗琉璃天王像和毗沙门天王像。主室窟顶绘有千佛。正壁中部绘卢舍那佛像和虚空藏、弥勒、地藏、文殊等八大菩萨像。北侧绘释迦行像。

南、北两侧壁分别绘有观无量寿经变、弥勒经变。前壁门两侧绘文殊变、普贤变。全窟壁画构图严谨、造型逼真，色彩绚丽。威武有力的天王、力士、庄严慈祥的菩萨，

栩栩如生的昆仑奴及狮子、白象，神态生动，线条潇洒流畅，充分体现了唐代风格和精湛技艺。

北壁的"弥勒净土变"是一幅构思精密的大幅画。画面结跏趺坐的弥勒佛居中正在说法，宝盖悬空，圣众围绕，众多人物姿态、性格和神情迥然不同，佛的庄严，菩萨的恬静，天王、力士的勇武，表现得淋漓尽致，显示出画家惊人的技艺。

经变中还穿插着许多小型构图。左上角的《农作图》，绘1个农民扶犁耕地，后面跟1个撒种的妇女，旁绘1个农民持镰收割，场上堆放着粮捆，1

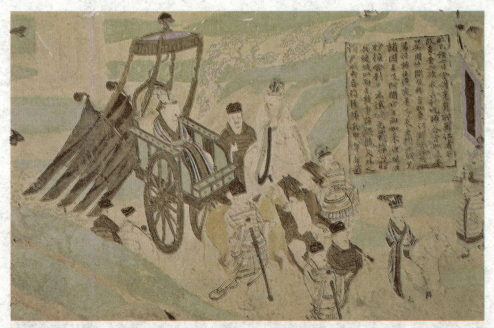

个农民双手执六齿叉扬场，1个妇女持扫帚掠扫。这些生产场景具体而真实的反映了唐代农业生产的方式和农民的劳动生活。

经变下方左右对称的《男女剃度图》，有剃头的、盥洗的、更衣的、侍立的，还有徘徊观望的，各种各样的姿态动作，表现了各自不同的思想感情。

此外，还有《扫街图》、《宴会图》、《写经图》、《探亲图》等描绘社会生活的画面。这些小构图是经变的有机组成部分，它使神秘而肃穆的天国充满了浓郁的人间生活的气息。南壁的《西方净土变》，画面展示了佛徒理想中的极乐世界。画面上楼台亭阁平列环抱，菩提树下阿弥陀佛朗朗说法，十大菩萨次第拥坐，静听佛语。天上仙鹤起舞，飞天散花；地上荷花盛开，碧波荡漾。

殿堂前舞女伎腰悬长鼓，舒臂轻击，双脚起落交错作踏歌状。两边8位乐师亦皆是女性，或筑、或笛、或箫、或琴，各执一技，悠然

自得，观之使人有飘然欲仙之感。西壁门两侧对称绘的"文殊变"和"普贤变"也各具特色。

第25窟的壁画，色彩绚烂富丽，人物丰腴健美，构图宏伟严密，富于想象，线条道劲流畅，具有吴道子一派的风格，"良工运精思，巧极似有神"，充分体现了唐代绘画的高度艺术成就。

五代及宋初，曹议金家族继张议潮之后，管理瓜、沙等州百余年之久，曹氏家族利用河西一隅的暂时安定，大力兴建石窟，彩绘壁画，以粉饰太平，这一时期开凿的榆林窟洞窟较多，占榆林窟全部洞窟的一半。

榆林窟第16窟是五代早期的一个洞窟，窟内所画的飞天，虽然没有唐代飞天的生动活泼、身姿俏丽参加者，但装饰性十分好。

例如第16窟中一身弹古筝和一身弹箜篌的飞天，画得很完美，飞天皆头束发髻，弯眉大眼，直鼻小唇，脸形丰圆，耳垂环绕，半裸上体，胸饰璎珞，臂饰镯钏，腰系长裙，赤脚外露，双手娴熟地弹拨琴弦，姿态优雅。

第16窟最大的特点是飞舞的巾带是身体长的3倍，飞舞的巾带中间有飘旋的花朵，飞舞的巾带下面有彩云流转，飞天好似逆风翱翔在彩云上，整个画面对称均等，装饰性很强。

此外，曹氏家族修建的洞窟甬道上大都绘着他们的巨幅供养肖像。如第16窟曹议金夫妇供养像，曹氏夫人像的榜题上写"北方大回鹘国圣天公主李氏一心供养"，显示出这位回鹘公主的显赫身份。

五代及宋初兴建和重修洞窟23个。壁画题材主要有经变画、尊像画、佛传故事画、佛教史迹画、瑞像故事画和供养人画像等5类。

其中的供养人画像，数量较多，分为3种，即：曹氏归义军政权的执政者及其眷属、大小官吏的画像；与曹氏联姻的少数民族地方政权统治者画像，如于阗王和王后，吐谷浑慕容归盈出行图等；曹氏画院的"都勾当画院使"、"知画手"、"都画匠作"、"画匠"等的画像。

这一时期的供养人画像，不仅具有高度的艺术价值，而且这些画像和题记为研究瓜沙曹氏统治河西的历史提供了可靠的资料。

五代宋初诸窟的壁画，内容风格大都承袭前代。但在一些洞窟出现了敦煌石窟少有的题材。如五代第32窟西壁的《梵网经变》，北壁东侧的《维摩诘经变》中还有《围棋图》等文化娱乐场面。五代第19窟前甬道的《地狱变》等。

西夏、元时期，共兴建和重建洞窟16个，榆林窟出现了最后的兴盛局面。这一时期的壁画在题材和风格上都有自己独到之处。壁画题材主要有经变画、佛像画、供养人画像、装饰图案等几类。

供养人画像中有人物和衣冠服饰迥异的党项羌、回鹘、蒙古族贵族官吏和侍从的画像。西夏早期壁画艺术与宋代壁画一脉相承，后期的第2窟、第3窟、第29窟与元代的第4窟、第10窟等典型洞窟的壁画艺术表现了3种新风格。

一是中原绘画风格，人物衣冠如道教神仙，线描精致流畅，变化丰富，色彩清淡典雅，这是受宋辽影响而出现的新的艺术风格。

二是藏传密宗风格，人物比例适度，形象有明显的尼泊尔和印度的影响，线描圆润秀劲，设色冷峻浓艳，具有浓厚的神秘气氛。

三是西夏艺术风格。这时期人物造型和服饰具有西夏的民族特征。第2窟《水月观音图》，第3窟《文殊变》、《普贤变》、《西方净土变》、《千手千眼观音变》。第4窟《释迦》、《多宝曼荼罗》、《不空绢索曼荼罗》等是代表这个时期高度艺术水平的作品。

西夏榆林窟壁画中，有一些科技画卷十分有价值，比如西夏第3窟东壁南侧的《千手观音》壁画，可以说该壁画是敦煌石窟壁画中反映科技史的杰作。

画工在观音的每只手中描绘了一件当时社会生活中的物品，给后人留下了许多工农业生产工具及其他物品的形象。其中的《酿酒图》和《锻铁图》最为有名。

据考证，《酿酒图》中的酿酒装置为酿造烧酒的蒸馏器。《锻铁图》中冶炼炉上鼓风用的是竖式梯形木风箱。

1044年，我国就有了木风扇的记载。到14世纪初的元代，又将木风扇用于"水排"。我国采用木风扇鼓风进行熔冶，比欧洲早五六百年。边远的西夏银铁炉上，出现这种先进鼓风技术，说明早在八九百年前，鼓风箱在我国已得到普遍推广。

观音的若干手中还拿有许多人物、动物、花卉草木、瓜果食品、建筑物、兵器、法器、乐器、雨伞、瓶、盘、坛、罐、壶之类的各式容器，以及日月图形等等，可以说是琳琅满目。

实际上，历代壁画中都有反映古代科技方面的画面，农业耕获方面的场景在五代第20窟、第36窟、第38窟中也有。壁画中还有放马、牧牛、拉赶毛驴上坡、挤牛奶、井上打水以及院落马厩、牲畜饲养等方面的画面。

清代时，榆林窟也得到了一定程度的开凿，第25窟、第3窟、第29窟可为其代表。窟中壁画《西方净土变》和《观无量寿佛经变》所描绘的天国世界、楼台亭阁，再现了唐代高超的艺术技巧，再现了唐代歌舞升平的欢乐景象，幻化在飘渺虚无的佛国世界里。

拓展阅读

犍陀罗艺术是以希腊、罗马式装饰手法，表现中亚和印度次大陆地区的题材。后越过帕米尔高原流传到我国新疆地区，为我国的绘画、雕刻、建筑、工艺美术带来了希腊罗马风韵。

清嘉庆年间，在榆林窟发现象牙佛一尊。象牙佛正名象牙造像，为象牙牙稍雕琢而成，状如手掌，高15.9厘米，上宽11.4厘米，下宽14.3厘米，厚3.5厘米。造像分两片扣合，内刻54个不同情节的佛传图，共刻279人，12辆车马，形态各异，栩栩如生。两片合在一起外形是一骑象普贤，手捧宝塔，袒胸赤足，头发呈波纹状；象背鞍俱全，装饰美观。整个造像刻艺高超，刀法细腻，形制上表现了印度犍陀罗艺术风格。

敦煌遗书主要是指1900年王圆箓道士在敦煌莫高窟第17窟中发现的经卷和文书。敦煌遗书的年代上起东晋初期，下至北宋中期，内容分为宗教典籍和世俗典籍两大部分，包括宗教典籍、官私文书、中国四部书、非汉文文书4大类，其中的宗教典籍占绝大多数。

敦煌遗书是研究中古中国、中亚、东亚、南亚相关的历史学、考古学、宗教学、人类学、语言学、文学史、艺术史、科技史、历史地理学的重要研究资料，价值巨大，对推动"敦煌学"的发展具有积极而重要的作用。

莫高窟藏经洞的发现

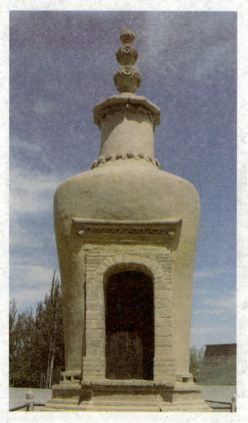

1900年的一天夜里，在莫高窟居住的道士王圆箓在第16窟甬道内一个侧壁上发现一个小门，打开后，出现了一个方形窟室，发现窟内有从4世纪到11世纪的历代文书和纸画、绢画、刺绣等大量文物。

王圆箓一王作元录，又作王圆禄，1851年生于湖北麻城。由于家中贫困，为了生存，逃生四方。清光绪初年，他进入肃州巡防营当了一名兵勇。后离军，受戒为道士，道号法真，远游新疆。

1897年，王圆箓到达敦煌莫高窟，在窟南区北段，清理沙石，供奉香火，收受布施，兼四出布道幕化，渐渐有了些积蓄，于是在莫高窟第16窟东侧建太清宫道观，即后来的"下寺"。

王圆箓雇用敦煌贫士杨果为文案，冬春之间抄写道经以供发售。夏秋之间，朝山进香者络绎不绝，于是他让杨某在第16窟甬道内设案，接待香客，代写醮章，兼收布施，登记入账。

1900年，杨果坐在第16窟甬道内，返身于北壁磕烟锅头，觉有空洞回音。他怀疑洞内藏有密室，于是告诉了王圆箓。王圆箓来到第16窟甬道，在侧道壁上发现了一个小门，打开后，果然看见内室，积满写卷、印本、画幡、铜佛等。

就这样，藏经丰富的"藏经洞"被发现了。

藏经洞发现之后，王圆箓首先赶往县城，去找当时的敦煌县令严泽，希望能引起这位官老爷的重视。可惜的是，不学无术的严泽毫不在意，竟将藏经洞里珍贵的经文当作一堆废纸。

在此之后，新上任的敦煌县令汪宗翰是位进士，对金石学很有研究。王圆箓就向汪宗翰报告了藏经洞的情况。汪宗翰当即带了一批人马，亲去莫高窟察看，并顺手拣得几卷经文带走。他还留下一句话，让王圆箓就地保存，看好藏经洞。

两次找县令没有结果，王圆箓仍不甘心。于是，他又从藏经洞中挑拣了两箱经卷，赶着毛驴奔赴肃州。他风餐露宿，历经艰难终于到达肃州，找到了时任安肃兵备道的道台廷栋。令王圆箓同样失望的是，这位廷栋大人浏览了一番，最后得出结论，经卷上的字不如他的书法好，就此了事。

几年过去了，时任甘肃学政的金石学家叶昌炽知道了藏经洞的事，对此很感兴趣，并通过敦煌县令汪宗翰索取了部分古物。但叶昌炽并没有对藏经洞采取有效的保护措施。

直至1904年，甘肃省府才下令敦煌的经卷就地保存。可遗憾的是，这一决定没有得到贯彻和落实。

据后来的专家考证，敦煌莫高窟藏经洞原本并非用于藏经，而是用于纪念。原是附属于第16窟的一个小洞，专家考证时被编号为第17窟。

藏经洞为正方形，边长3米，四面墙高2.6米，窟顶为覆斗形，最高处离地约3米。洞内西壁南端有一龛，内嵌一座高1.5米、宽0.7米的石碑，俗称"洪辩碑"。迎着洞门紧靠北壁的地上筑有一个低坛，坛上放着一尊彩色僧人塑像，塑像背后的北壁上有壁画。

这尊塑像是唐代洪辩和尚的塑像。塑像栩栩如生，连眼角鱼尾纹都清晰可见，据推测，它是洪辩圆寂后弟子们依照其生前模样塑造的真人像。那个低坛就是洪辩坐禅的禅床。因此藏经洞实际上是洪辩的影窟，相当于世俗的宗庙和祠堂，是为纪念而设。

洪辩和尚俗姓吴，即敦煌人俗称的"吴和尚"。据史料记载，唐大中年间的848年，敦煌富绅张议潮聚结汉族、回纥族、羌族、吐谷浑族等各族受尽吐蕃欺凌的民众，乘吐蕃内乱，一举收复瓜州和沙州。

后来张议潮归顺唐王朝，受封为节度使，而洪辨和尚也因功受到朝廷册封，成为"河西都僧统"。

藏经洞出土文书多为写本，少量为刻本，共有5万余件。其中，汉文书写的约占六分之五，其他则为古代藏文、梵文、齐卢文、粟特文、和阗文、回鹘文、龟兹文、希伯来文等。文书内容主要是佛经，此外还有道经、儒家经典、小说、诗赋、史籍、地籍、账册、历本、契据、信札、状牒等，其中不少是孤本和绝本。

这些藏品的制作年代上起东晋初，下至北宋中期，其中数量最多、价值最大的是古代经籍文书，被称之为"敦煌文献"。

敦煌文献的内容，涉及到天文、历法、医药、历史、地理、政治、经济、军事、外交、宗教、社会、民俗、民族、哲学、逻辑、经学、诸子、文学、曲艺、戏剧、音韵、语言、文字、音乐、舞蹈、绘画、书法、翻译、王朝律令、地方法规、均田文书、争讼、婚姻、结契、农业、水利、畜牧、兽医、印刷、装帧、商业、货币、会计、旅游、纺织、冶铸、建筑、档案、交通、通讯、占卜、相术、榜示、转帖、印章、模拓、拓印、花押等等,范围之广,几乎无所不包。

敦煌发现的这些典籍,是了解古代社会、文化和美术的重要依据。它博大精深,取之不尽,大大丰富了敦煌文化的内涵,在此基础上,形成了一门新的学问,即敦煌学。

另外,藏经洞的文献资料不仅限于我国和汉民族,还涉及到我国境内不少的古代民族,如匈奴、乌孙、羌族、楼兰、龟兹、于阗、粟特、突厥、吐蕃、回鹘,以及印度、巴基斯坦、阿富汗、吉尔吉斯、哈萨克斯坦、波斯等国,具有极大的国际意义。

拓展阅读

由于藏经洞封闭了近千年,这个谜便堪称千古之谜。敦煌学专家、学者们钻进浩如烟海的敦煌遗书资料中仔细地查阅,从未找到解谜的文字记载,只好另辟途径,根据其他历史资料进行推断,提出了多种假说,试图解开这个千古之谜。主要说法有以下这3种:避难说、废弃说和书库改造说。

"避难说"认为,1035年西夏人入侵敦煌时,敦煌寺院为避外寇而仓皇封闭的。"废弃说"认为,藏经洞是堆放敦煌各寺院中汉文碎纸块,以及豹皮、丝织品做的还愿物、绢画残片、画幡木网架等的处所。堆放并封闭的时间大约在11世纪初。"书库改造说"认为,大约在1000年左右,折叶式的刊本经卷已从中原传到敦煌,因阅读、携带方便,受到僧侣们的青睐,因此,将使用起来不方便的卷轴式佛经以及许多一直分散的杂物一并封入石窟。

价值丰富的宗教典籍

敦煌遗书的主体是手写的佛教典籍，正由于此，又把敦煌遗书概称为石室写经，把敦煌遗书的洞窟称为藏经洞。除佛教文献以外，宗教文献还有道教典籍、景教典籍、摩尼教和祆教典籍。

敦煌遗书中的佛教文献有很多是为历代大藏经收录的传世佛经，如《大般若波罗蜜多经》、《金刚般若波罗蜜多经》、《妙法莲花经》、《金光明最胜王经》、《维摩诘所说经》、《大乘无量寿经》等。这类敦煌佛经，有的复本多达数百件乃至一两千件。

依据唐代的《大藏经》目录《开元录·入藏录》，当时一部完整的《大藏经》应有佛教典籍1076部，5048卷。敦煌遗书中保存的佛教典籍见于《开元录·入藏录》的只有350部，这说明，从当时中原佛教《大藏经》的藏经体系来看，敦煌藏经洞中的佛教典籍并不是系统的佛教藏书。

虽然敦煌遗书中的佛教典籍不能构成一部完整的大藏经，但隋唐时期流行的主要佛经却都有存留，有的还有多种版本和复本。这些敦煌写本佛教典籍，由于是抄写时代较早的古本，故出错几率也相对较少。

同时，一些写本佛经是在该经译后不久就抄写流传到敦煌的，因此更接近译经大师最初译本的原貌。加之一些译本经过高僧大德的反复校对，堪称善本。

敦煌佛教经典中还保存有很多传世《大藏经》中所没有的佛教典籍，这些未入藏的佛教典籍，有的比传世佛经具有更高的文献价值和研究价值。

如竺昙无兰译《佛说罪业应报教化地狱经》和不空译《梵汉翻对字音般若心经》等经，曾见于佛教经目著录，后来失传，却在敦煌莫高窟得以重新发现，实在价值巨大。

还有一些佛经，如昙倩在安西翻译的《金刚坛广大清净陀罗尼经》，法成翻译的《般若波罗蜜多心经》、《诸星母陀罗尼经》、《萨婆多宗五事论》、《菩萨律仪二十颂》、《八转声颂》等，是在敦煌或瓜州翻译的，未能传入中原，而仅流传于西北一带，并被保存在敦煌遗书中。这些佛经在一定程度上，补充了汉文大藏经的缺失。

敦煌遗书中还有我国古人撰写的佛教著作，这类佛教著作内容极为广泛，包括经律论疏释、史传、目录、音义和杂文等诸多方面，其中尤以各种疏释数量最多。

敦煌佛经中，有一部分还附有梵文原经，而梵文原本在印度本土早已散佚了，利用这些梵文本佛经再译，有利于修正古译本的不足，更加正确地认识这些佛经的宗旨。同时，这些附有梵文本的写卷在汉梵对音研究方面也极有价值。

有一部分敦煌写经都附有写经题记，这些题记具有重要学术价值。题记是抄经者或出资写经者委

托抄经人所写的文字，篇幅从几个字到数百字不等，一般写在佛经正文之后。

佛经题记的内容各不相同，有的较简单，只有书写者或年代等。有的比较详细，记述内容较多。官府写经题记较为详细，一般记录写经时间、书手、用纸数、装潢手，初校、再校、三校、详阅和监制者的姓名。这些写经题记，使人们增加了对唐代官府的写、校经制度的了解。

少数民族文字的典籍在敦煌佛教文献中也有很多，其中最多的是吐蕃文佛典。敦煌所存吐蕃文文献大多与佛教有关，含经、律、论、真言、经疏以及吐蕃人的著述等多方面内容。

敦煌发现的回鹘文佛教史料也很丰富，此外还有用梵文、粟特文、西夏文写成的佛教典籍，虽然数量不是很多，但价值不菲。

道教是中华民族固有的传统宗教，在敦煌遗书中，共保存了800多件道经及相关的文书抄本。自北周以后，几乎历代都有对道教经典进行搜集和整理的活动。唐代也曾大规模集结道经，编纂道藏。但由于种种原因，唐、宋、金、元历代编纂的道藏均已亡佚，而部分道藏在敦煌遗书中有发现。

《道德经》是道教的基本经典之一，敦煌遗书中保存了一批该经的抄本，可以校勘传世本的缺失。敦煌遗书中还保存了至少11种《道

德经》的注疏，其中8种是传世道藏所无的佚书。其中有北朝写本《老子道德经想尔注》以及《老子化胡经》等佚道经。

《太平经》是一部大型道书，是我国早期道教东汉"太平道"的重要经典。该经原本170卷，分为10部。但此经在传世道藏中仅存残本，缺失大部分，且无完整目录。而敦煌遗书中的《太平部卷第二》弥补了这一缺失。该道藏写于南北朝时期，分前序、目录、后跋3部分，有《太平经》10部、170卷、366篇的完整目录，列举了全部篇名。它揭示了《太平经》的原貌。

此外，还有《无上秘要》、《太上洞玄灵宝升玄内教经》、《太玄真一本际经》等道书，敦煌遗书中均保存有各经写本，价值不菲。

就文本形态而言，敦煌道教典籍大多抄写于唐前期，官书正规道书纸质优良，多用染黄，且墨色、书法俱佳。

景教是唐代时传入我国的基督教聂斯脱里派，也就是东方亚述教会，起源于今日的叙利亚，被视为最早进入我国的基督教派。

唐朝时，景教曾在长安兴盛一时，并在全国建有"十字寺"，但多由非汉族民众所信奉。到了唐武宗会昌五年，也就是845年，景教被朝廷取缔，相关典籍也大多散失。而在敦煌遗书中却保存了《尊经》、《大秦景教三威蒙度赞》、《大秦景教宣元本经》等数件汉译景教经典，这就为研究唐代景教提供了重要资料。

敦煌遗书中，还保存有摩尼教的部分典籍。摩尼教即明教，又称作牟尼教，发源于古代波斯萨珊王朝，为3世纪中期波斯人摩尼所创立，后经由中亚传入我国。

摩尼教在唐代曾流行了约100多年，在唐武宗时的845年被取缔。摩尼教徒十分重视经典编撰和翻译，该教被唐武宗取缔后，汉文经典亦均散失。敦煌遗书中保存了《摩尼光佛教法仪略》、《下部赞》和《证明过去因果经》3件摩尼教文献。

此外，敦煌遗书中还保存了一些有关祆教的记载，这些记载对了解祆教的教义以及流传情况等具有十分重要的价值。

敦煌遗书中的这些宗教典籍内容丰富，价值宏大，为研究古代宗教以及古人思想、生活打开了一扇扇新的窗口。

拓展阅读

唐代书手出于对宗教的虔诚，在抄写佛经时，对纸张都相当讲究。宫廷写经，更是纸质精良，抄写认真，校勘精心。这类敦煌遗书，比其他遗书具有更高的文物价值。敦煌遗书中的宫廷书手写的经卷，都是由专聘的官方楷书手用毛笔精心抄写而成，它们同时也是精美的书法艺术品。

不同时代的写经书手，其书体也在逐渐演变。因此，敦煌藏经洞发现的写经不仅是研究我国古代书法史的重要资料，还可以当作练习书法的范本。